가루베지온(輕部慈恩)과
백제 고고학

가루베지온輕部慈恩과

백제 고고학

서정석

학연문화사

공주에서 고고학을 공부하다 보면, 특히 백제 고고학을 공부하다 보면 가루베지온(輕部慈恩)을 만날 수밖에 없게 된다. 대략 1백년 전 공주에 와서 공주지역의 유적을 조사하고 연구한 1세대 연구자기 때문이다.

널리 알려진 것처럼 그는 1897년에 일본 야마가타현(山形縣)에서 태어났다. 와세다대학을 졸업하고 1925년에 평양에 있던 숭실전문학교에 부임하였다. 낙랑과 고구려 유적을 조사해 볼 요량이었다고 한다. 그러나 평양에서의 일은 생각처럼 진행되지 않았다. 그래서 어찌할까 고민하던 차에 공주에 있던 지인의 소개로 공주고등보통학교, 즉 현재의 공주고등학교 일본어 교사로 부임하게 되었다. 그의 나이 서른이 되던 해였다.

사실 가루베지온은 공주와 이렇다 할 인연이 없었다. 그저 공주가 백제의 옛 도읍지였기 때문에 그곳에 가면 백제 유적을 조사할 수 있지 않을까 하는 막연한 기대감으로 선택하였다고 한다. 그야말로 '꿩 대신 닭'격으로, 평양을 대신하여 선택한 곳이 공주였던 셈이다.

그런데 그의 바람과 달리 가루베지온이 공주로 오기 전까지는, 공주지역에서 백제 유적으로 알려진 것이 거의 없었다. 공산성 정도가 백제 유적으로 알려져 있을 뿐이었다. 백제 유적을 묻는 가루베지온의 질문에, 백제 유적을 보고 싶으면 부여로 가보라는 대답이 돌아올 정도였다고 한다.

또 다시 기대했던 유적 조사를 못 하게 되는 것이 아닌가 하고 실망하고 있을 때 뜻밖의 일이 벌어졌다. 그가 공주에 정착하고 한 달 쯤 지난 1927년 2월 하순 경에 송산리 마을에 살던 아이들이 뒷동산에 놀러 갔다가 송산리 고분군(2021년부터 '공주 무령왕릉과 왕릉원'으로 명칭이 변경되었다)을 발견한 것이다.

비록 자신이 직접 발견한 것은 아니지만, 송산리 고분군의 존재는 가루베 지온을 크게 고무시켰음에 틀림없다. 이 일을 계기로 공주 주변을 샅샅이 답사한 결과 서혈사지나 남혈사지와 같은 절터를 찾아냈고, 또 공주 원도심 주변 구릉에 수 많은 고분군이 자리한다는 사실도 확인하였기 때문이다. 그야말로 공주에 오기 전에 꿈꾸었던 일들을 모두 이루게 된 것이다. 이로써 가루베지온은 서른 살에 시작해서 오십 가까이에 이르기까지 약 20년 동안 공주와 그 인근에 살면서 백제 유적을 조사하고 연구할 수 있었다. 인생의 황금기 대부분을 백제 유적의 조사와 연구에 할애한 셈이다.

꿈을 이루기는 했지만, 유적을 발견했다고 해서 곧바로 자신이 직접 그 유적을 조사해서는 안되는 일이었다. 당시의 법규에 의하면, 유적이나 유물을 발견한 사람은 3일 이내에 경찰서에 신고했어야 했다. 그것도 현상 변경 없이 곧바로 신고했어야 했다. 그래야만 박물관과 같은 '공식적인' 기구에서 발굴 조사를 할 수 있었기 때문이다. 그런 점에서 유적을 찾아냈다고 해서 아무런 신고 없이 임의로 유적을 조사한 가루베지온의 행동은 비난받아 마땅한 일이었다.

더욱이 발굴 조사에는 유물 습득이 뒤따르기 마련이다. 따라서 이렇게 습득한 유물의 처리를 위해서라도 유적을 조사할 수 있는 '공식적인' 기구, '공식적인' 위치에 있는 인물이 유적을 조사했어야 했다. 가루베지온이 지금까지도 구설수에 시달리고 있는 이유가 여기에 있다.

여기에서는 유물과 관련된 문제는 잠시 접어두고, 그의 학문적 성과를 살펴보고자 하였다. 유물과 관련된 문제를 살펴보는 것도 의미가 있지만, 그의 학문적 성과가 오늘날까지도 백제 고고학에 음으로 양으로 영향을 미치고 있는 만큼 그에 대한 검토가 우선적으로 필요하다고 생각했기 때문이다. 아울러 비단 가루베지온 뿐 아니라 일제 강점기에 활동했던 모든 일본인 연구자들의 학문적 성과를 다시 살펴보는 작업이 필요하다고 생각한다. 그래야만 한국 고고학의 현주소를 확인할 수 있고, 또 미래를 전망할 수 있기 때문이다.

이 책은 필자가 그 동안 발표한 글을 한데 모은 것이다. 여기 저기 흩어져 있던 글을 모아보니 중복되는 부분도 많고, 표현에 약간의 차이도 있어 이런 부분을 일부 손질하였다.

필자가 일제 강점기에 이루어진 고적 조사에 대해 관심을 갖게 된 데에는 최석영 선배님의 조언이 큰 역할을 하였다. 매번 새로운 자료를 소개시켜 주고, 또 게으른 필자를 채근해 주셔서 가루베지온의 연구 성과를 살펴볼 수 있었다. 윤용혁 선생님 또한 가루베지온의 행적과 학문적 성과를 먼저 살펴보시고, 그의 연구 성과를 현재의 관점에서 재검토할 필요가 있음을 누누이 말씀하셨다. 이러한 두 분의 채근과 성원이 있었기 때문에 보잘 것 없지만, 이 작은 책이 탄생할 수 있었다. 다시 한번 깊은 감사를 드린다.

더불어 상업성이 별로 없는 이 책을 선뜻 출간해 주시고, 또 난잡하기 이를 데 없은 글을 매끄럽게 정리해 주신 학연문화사 권혁재 사장님과 편집부에도 감사의 말씀을 드린다.

2024년 2월
계룡산이 보이는 언덕에서
서 정 석

목 차

1장 백제 고분에 대한 인식

I. 머리말

주지하다시피 가루베는 공주고등보통학교 교사로 재직하면서 1927년부터 1945년까지 거의 20년 가까운 기간 동안 공주와 그 인근에 거주하면서 백제의 역사와 문화를 연구한 전문 연구자 중 한명이다. 그가 이렇다 할 기반도 없었던 공주에 정착하게 된 과정과 공주 정착 후의 연구 편력에 대해서는 이미 자세한 연구가 이루어진 바 있는데,[1] 유적에 대한 '공식적인' 조사자의 위치에 있었던 것이 아니었던 만큼 그의 조사는 '사굴(私掘)'의 행위로 비판받았다.[2] 그렇지만 백제 유적에 대한 지속적인 조사와 연구를 통해 '공식적인' 위치에 있었던 연구자보다도 후대에 훨씬 더 큰 영향을 끼친 것이 사실이다.

일제 강점기의 고적 조사라는 것이 식민통치의 정당성을 부여하고, 식민통치의 문화적 성격을 과시하기 위해 추진된 만큼[3] 백제 유적에 대한 조사와 연구는 상대적으로 미흡했던 것이 사실이다. 특히

---

1) 윤용혁, 2005, 「輕部慈恩의 공주 백제문화 연구」, 『百濟文化』 34, 공주대 백제문화연구소 ; 2010, 『가루베지온의 백제연구』, 서경문화사, 9~58쪽.
2) 有光教一, 2002, 『朝鮮古蹟研究會遺稿』 Ⅱ, 유네스코 동아시아연구센타, 14쪽.
3) 이순자, 2009, 『일제강점기 고적조사사업 연구』, 경인문화사, 3쪽.

공주의 경우 교통편이 불편한 데다가 백제가 공주에 도읍했던 기간이 64년에 불과하기 때문에 이렇다 할 연구자가 없었다. 가루베는 그러한 시기에 공주에 정착하면서 성곽, 고분, 사찰 등 백제 고고학의 핵심적인 유적을 모두 조사하고 연구하였다. 그 중에서도 백제 고분에 대한 연구는 직접 실견한 1천 여 기의 고분을 대상으로 한 것이어서[4] 지금까지도 큰 영향을 끼치고 있다. 여기에서 가루베의 백제 고분에 대한 인식을 살펴보고자 하는 것도 그 때문이다.

2000년대 이후 발굴 조사는 폭발적으로 증가하고 있다. 백제 고분에 대한 조사 자료 역시 감당하기 어려울 정도로 폭증하고 있다. 당연히 연구의 폭과 깊이가 더해지고 있는 것이 사실이지만, 다른 한편으로 보면 가루베의 연구와 같이 과거에 이루어 놓은 성과에 대해서는 그다지 의미를 부여하지 않는 것처럼 보이기도 한다. 최신 자료를 중심으로, 아울러 최신 연구 결과를 바탕으로 새로운 연구가 이루어지는 것도 중요하지만, 그에 못지않게 과거에 이루어 놓은 연구 성과에 대한 세밀한 검토 또한 중요한 것이 아닌가 한다. 가루베의 백제 고분에 대한 인식을 구체적으로 살펴보고자 하는 또 다른 이유가 여기에 있다.

---

4) 輕部慈恩, 1933a,「公州に於ける百濟古墳(一)」,『考古學雜誌』23-7, 考古學會.
　輕部慈恩, 1933b,「公州に於ける百濟古墳(二)」,『考古學雜誌』23-9, 考古學會.
　輕部慈恩, 1934a,「公州に於ける百濟古墳(三)」,『考古學雜誌』24-3, 考古學會.
　輕部慈恩, 1934b,「公州に於ける百濟古墳(四)」,『考古學雜誌』24-5, 考古學會.
　輕部慈恩, 1934c,「公州に於ける百濟古墳(五)」,『考古學雜誌』24-6, 考古學會.
　輕部慈恩, 1934d,「公州に於ける百濟古墳(六)」,『考古學雜誌』24-9, 考古學會.
　輕部慈恩, 1936a,「公州に於ける百濟古墳(七)」,『考古學雜誌』26-3, 考古學會.
　輕部慈恩, 1936b,「公州に於ける百濟古墳(八)」,『考古學雜誌』26-4, 考古學會.

II. 백제 고분에 대한 인식

백제 고분을 다년간 연구한 가루베이지만 원래는 고구려와 낙랑 유적을 탐사해 볼 욕심으로 평양으로 갔었다. 그러다 평양에서의 일이 뜻대로 이루어지지 않자 생각을 바꿔 공주로 이주하였다. 백제 유적에 대한 나름대로의 관심 때문이었다고 한다.[5] 이때가 1927년이었는데, 공주에 정착하던 그 해에 때 마침 무령왕릉과 왕릉원(송산리 고분군은 2021년에 '무령왕릉과 왕릉원'으로 명칭이 바뀌었다. 이하에서는 무령왕릉원으로 약칭)이 발견되고, 이어서 공주 주변의 사지(寺址)와 공산성 등 백제 유적이 속속 드러나게 되었다. 가루베가 백제 유적에 대한 조사·연구에 매진할 수 있었던 것도 그 때문이었다.

가루베가 공주지역에서 본격적으로 활동하던 1930년대 무렵에는 전국 어디나 마찬가지로 공주에서도 도굴이 횡행하였다. 그가 '수년 혹은 십 수년이 지나는 사이 공주에서 백제 고분이 모두 사라지는 것이 아닐까'하는 염려를 할 정도였다.[6] 당시 도굴되어 노출된 고분이 자그만치 1천 여 기에 이르렀다고 하니, 그 참상을 짐작하고도 남음이 있다.[7] 사정이 이렇다 보니 자연히 고분에 대한 관심을 갖게 되었던 것으로 보인다.

1천 여 기에 이르는 방대한 고분을 조사하고, 그 중 주요한 1백여

---

5) 輕部慈恩, 1970, 『駿豆地方の古代文化』, 144쪽.
6) 輕部慈恩, 1933a, 「公州に於ける百濟古墳(一)」, 『考古學雜誌』23-7, 39~40쪽.
7) 輕部慈恩, 1933a, 위의 논문, 40쪽.

기의 고분에 대해서는 특별히 실측 조사를 벌이면서[8] 가루베가 얻은 결론은 입지에 대한 인식, 백제 고분의 유형 분류, 그리고 피장자의 성격에 대한 고찰 등 세 부분으로 나누어 정리 할 수 있을 듯하다. 이를 간단히 정리하면 다음과 같다.

1. 입지 및 지리적 조건에 대한 인식

일반적으로 역사시대의 유적을 이해하기 위해서는 그 유적의 입지 조건을 우선적으로 살펴보는 것이 유용한 방법 중의 하나다. 예를 들어 고분의 경우, 그 입지 조건을 통해 고분을 만든 사람들의 사유체계와 내세관, 축조 시기, 축조 기술, 그리고 피장자의 정치·사회적 지위 등을 확인해 볼 수 있기 때문이다.[9] 한 마디로 그 고분의 문화적 계통을 파악할 수 있는 것이 입지 조건인 셈이다.

가루베 역시 고분이 갖는 입지 조건의 특징을 잘 이해하고 있었던 것 같다. 백제 고분을 이해할 때에도 입지가 중요하다는 사실을 우선적으로 강조하고 있기 때문이다.[10] 고분을 축조할 때에는 우선 그 지리적인 위치를 결정하는 것이 가장 중요한 일 이라고 보았던 것이다. 그 결과 백제 고분의 경우에는 다음과 같은 세 가지 조건을 갖추고 있음을 강조하였다.

---

8) 輕部慈恩, 1933a, 「公州に於ける百濟古墳(一)」, 40쪽.
9) 姜仁求, 1984, 『三國時代 墳丘墓硏究』, 영남대출판부, 13쪽.
  성낙준, 1992, 「삼국시대」, 『한국의 옹관묘』(특별전도록), 국립광주박물관, 28쪽.
10) 輕部慈恩, 1971, 『百濟遺跡の硏究』, 吉川弘文館, 39쪽.

첫째는 경주의 신라 고분이나 평양의 낙랑 고분처럼 평지에 축조된 사례는 전혀 없고, 일정한 조건을 갖춘 구릉의 사면에 자리한다는 사실이다. 여기서 말하는 '일정한 조건'이란 곧 사신사상(四神思想)에 적합한 곳을 말한다.[11]

두 번째는 도읍지 전체를 에워싸는 나성의 내부에는 절대로 고분을 축조하지 않는 다는 사실이다.[12] 이러한 사실은 공주와 부여에서 공통적으로 확인되는 사실인데, 자신이 조사한 1천 여 기에 이르는 백제 고분 중 나성 내부에 자리하는 것은 단 1기도 없음을 강조하고 있다.

세 번째는 피장자의 생전의 계급의 차이에 의해 장지(葬地)가 결정된다고 보았다. 즉 피장자의 계급에 의해 무덤의 규모와 형식에 차이가 생기고, 아울러 장지에도 계급적 구별이 있었다고 보고 있다.[13] 이러한 인식을 좀 더 구체적으로 살펴보면 다음과 같다.

먼저 가루베는 백제 고분, 즉 공주의 백제 고분이 낙랑이나 고신라의 고분과 달리 반드시 구릉의 남사면 중간 지점에 자리한다는 사실을 강조하고 있다.[14]

---

11) 輕部慈恩, 1933, 「公州に於ける百濟古墳(一)」, 41쪽.
　　輕部慈恩, 1934, 「公州に於ける百濟古墳(三)」, 36~37쪽.
12) 輕部慈恩, 1971, 앞의 책, 39쪽.
13) 輕部慈恩, 1934, 「公州に於ける百濟の遺蹟」, 『朝鮮』 234 ; 윤용혁, 2010, 『가루베지온의 백제연구』, 서경, 248쪽.
　　輕部慈恩, 1936b, 「公州に於ける百濟古墳(八)」, 24쪽.
14) 輕部慈恩, 1933, 「公州に於ける百濟古墳(一)」, 41쪽.
　　輕部慈恩, 1946, 『百濟美術』, 寶雲舍, 112쪽.

이렇게 남사면을 택해 고분을 축조한 관계로, 먼저 지하로 필요한 크기의 토광을 구축한 다음, 그 토광 안에 석재나 벽돌, 목재 등으로 현실(玄室)과 연도를 축조하고, 그 위에 봉토를 덮은 것으로 보고 있다.[15] 자연히 봉토의 크기는 그다지 크지 않았던 것으로 보았다. 더구나 고분이 남사면에 자리하고 있는 관계로 계속해서 유실되어 발견될 당시에는 봉분이 거의 남아 있지 않은 경우가 대부분이었다. 그렇기 때문에 봉토는 그다지 크지 않았겠지만, 원형 봉토를 축조한 것으로 보았다.[16]

평지가 아닌 구릉의 남사면에 지하로 토광을 파고 완전 지하식으로 무덤을 구축했음을 강조했다고 볼 수 있다. 이러한 사실은 오늘날에도 백제 횡혈식 석실묘를 조사·연구하고자 할 때 반드시 기억해야할 중요한 사항이 아닌가 한다.

아울러 그 지세 또한 지수화풍(地水火風)의 사신사상(四神思想)에 입각해서 고분이 자리하고 있음을 강조하고 있다. 즉 고분군의 북쪽에 현무(玄武)에 해당하는 인공산을 만들고, 그 산의 좌우로 청룡과 백호에 해당되는 지맥이 지나가는 능선의 가운데 부분에 수 기 혹은 수 십기의 고분이 자리한다고 보았다.[17] 가루베는 그 대표적인 사례로 무령왕릉원을 꼽고 있다.

---

15) 輕部慈恩, 1946,『百濟美術』, 寶雲舍, 113쪽.

16) 輕部慈恩, 1933,「公州に於ける百濟古墳(一)」 43쪽.

17) 輕部慈恩, 1934,「公州に於ける百濟古墳(三)」 39쪽.
　　輕部慈恩, 1946,『百濟美術』, 寶雲舍, 112쪽.

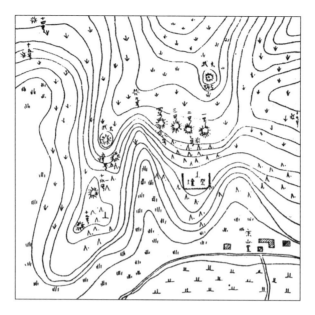

〈그림 1〉 무령왕릉원의 고분 분포도[18]

현재 무령왕릉원은 웅진기 백제 왕과 왕족의 무덤으로 널리 이해되고 있다. 이러한 인식이 보편화 된 것은 물론 무령왕릉의 발견이 결정적인 계기가 되었지만, 가루베가 활동하던 1920년대~30년대에도 이미 웅진기의 백제 왕릉지구로 받아들여지고 있었다. 『신증동국여지승람』「공주목」학교조에 보면, "향교는 주(州) 서쪽 3리 지점에 있다. 그 서쪽에 옛 왕릉이 있는데, 백제 왕릉 이라고 하나 어느 왕인지는 알 수 없다"라는 설명이 있거니와[19] 이러한 설명을 근거로 현재의 무령왕릉원 1~4호분을 백제의 왕릉으로 이해했던 것이다.

---

18) 輕部慈恩, 1934, 「公州に於ける百濟古墳(三)」, 39쪽, 제14도.
19) 『新增東國輿地勝覽』권 17, 「公州牧」, 學校條. "鄕校 在州西三里 西有古陵基 諺傳百濟 王陵 未知何王"

그런데 이러한 무령왕릉원의 고분 분포도에 해당되는 〈그림 1〉을 보면 백제 고분에 대한 가루베의 인식을 금방 알 수 있다. 〈그림 1〉에서 보듯이 무령왕릉원 1~4호분의 북쪽에 있는 시설물에 현무(玄武)라고 쓰여 있는 것을 볼 수 있고, 5호분의 북쪽에 있는 시설물에도 '현무'라고 쓰여 있는 것을 볼 수 있다. 그 자신 백제 고분이 사신사상에 입각해서 자리하고 있다고 믿었기 때문에 고분군의 북쪽에 있는 이러한 시설물을 인공적으로 조성한 현무(玄武)로 판단했던 것이다.[20]

아울러 이러한 사상은 후대에까지 이어져 조선시대에도 〈그림 2〉와 같은 무덤이 탄생하게 되었다고 보았다. 다시 말해서 〈그림 2〉처럼 현재의 민묘 역시 뒷면에 약간 높은 산을 쌓아 주산(主山)으로 삼고, 거기서 좌우로 길게 지맥이 형성되며, 또 그 중앙에 높은 만두형의 산을 쌓아 주산과 연결시킨 다음, 그 만두형 성토 밑에 시신을 매장하게 되어 있다. 그런데 이러한 민묘의 형식이야말로 백제시대 이래로 풍수사상에 입각해 무덤을 축조하던 전통이 현재에까지 이어진 흔적이라고 보고 있다.[21]

이처럼 풍수사상을 강조해서 그런지 고분군이 반드시 갖춰야 할

---

20) 다 아는 것처럼 5호분의 북쪽에 자리하고 있는 '현무(玄武)'에 해당되는 시설물이 곧 무령왕릉이다. 다른 고분과 달리 무령왕릉은 이렇게 지표상에 그 흔적이 뚜렷이 남아 있었지만, 가루베는 그것을 고분이 아닌 인공 조산(造山)으로 잘못 인식하였다. 그 때문에 지표상에 아무런 흔적이 없었던 5호분, 6호분, 29호분은 일제 강점기 때 조사가 이루어졌지만, 정작 무령왕릉은 지표상에 봉분의 흔적을 뚜렷하게 남기고 있었음에도 조사를 면할 수 있었다.

21) 輕部慈恩, 1933a, 「公州に於ける百濟古墳(一)」, 42쪽.

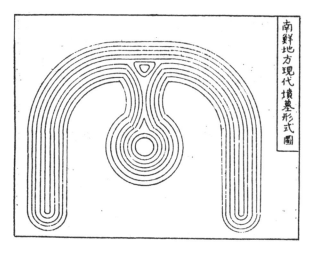

〈그림 2〉 한국의 분묘형식도(墳墓形式圖)

조건의 하나로써 고분군 남쪽에는 반드시 삼각형으로 솟아오른 남산(南山)이 있어야 함을 들고 있다. 이 남산은 고분군 북쪽에 인공적으로 조성한 현무(玄武)와 대응하는 주작(朱雀)으로서의 남산인 셈이다.[22] 그래서 현실(玄室)로 통하는 연도의 방향, 혹은 연도가 없는 고분일 경우에는 현실의 방향이 절대적으로 이 주작에 해당되는 남산을 향하고 있다는 사실을 누누이 강조하고 있다. 예컨대 무령왕릉원의 경우, 원도심의 봉황산이 그 남산에 해당된다고 보고 있다. 봉황산이 봉황산인 이유도 바로 무령왕릉원의 주작(朱雀)에 해당되는 산이기 때문에 얻은 이름이라고 해석하였다.[23]

이 외에 무덤과 남산 사이에 작은 하천이 흐르는 것도 하나의 특

---

22) 輕部慈恩, 1933a, 위의 논문, 42쪽.
　　輕部慈恩, 1946, 『百濟美術』, 寶雲舍, 112쪽.
23) 輕部慈恩, 1934, 「公州に於ける百濟古墳(三)」, 36쪽.

징으로 꼽고 있다.[24] 무덤과 남산 사이에 하천이 흐르는 현상을 공주 지역에서는 좀처럼 찾아보기 어렵지만, '부여 왕릉원'에서는 쉽게 확인된다. 부여 왕릉원 남쪽으로 왕포천(旺浦川)이 흐르고, 그 남쪽에 남산이 자리하고 있기 때문이다.[25]

다음으로 가루베가 백제 고분의 지리적 특징으로 꼽은 것이 고분과 성곽의 관계다. 즉 가루베는 백제의 경우 도읍지 전체를 에워싼 나성 내부에는 고분을 축조하지 않은 사실을 강조하고 있다.[26] 이러한 사실은 공주와 부여에서 공통적으로 확인되는 현상으로, 특히 공주에서 이러한 사실을 입증하기 위해 〈그림 3〉과 같은 웅진(熊津) 나성도(羅城圖)를 제시하기도 하였다.

가루베에 의하면 백제 웅진기에 공주에는 나성이 축조되어 있었다고 한다. 그 나성은 구체적으로 공산성 동쪽 구릉에서 시작하여 옥룡리 남쪽 동산 → 대추동(大秋洞) 부근 → 성문 → 남산 → 수도 배수지(水道配水池) → 공주중학교 → 월락산(月落山)으로 이어지는 것이 동나성이고, 서쪽은 금강교 인접지역에서 시작하여 정지산 → 형무소 서쪽 → 교촌봉(校村峰) → 성문 → 송산리 남쪽 → 화장터 → 박산리 → 망월산(望月山) → 월락산(月落山)으로 이어진다고 보았다. 월락산(月落山)에서 동나성과 서나성이 만나는 셈이다.

중요한 점은 이러한 웅진 나성과 사비 도성의 경우 성문 가까운 구릉 사면에 고분군이 자리하고 있다는 사실이다. 가루베에 의하면

---

24) 輕部慈恩, 1933a, 앞의 논문, 42쪽.
25) 姜仁求, 1977, 『百濟古墳研究』, 일지사, 22쪽.
26) 輕部慈恩, 1971, 『百濟遺跡の研究』, 吉川弘文館, 39쪽.

〈그림 3〉 가루베가 제시한 웅진 나성도

나성의 안쪽에는 고분이 전혀 없고, 그 바깥쪽에만 자리하고 있는데, 이는 백제 당시에 나성 내에는 고분을 축조하지 않는다는 원칙이 있었음을 보여주는 것에 다름 아니라고 판단하였다.[27] 그 대표적인 예로 웅진 나성의 바로 서쪽에 자리하고 있는 교촌리 고분군을 꼽고 있다.

교촌리 고분군은 2기의 전축분(塼築墳)을 포함한 20여 기의 고분으로 이루어진 고분군이다. 교촌리 고분군이 자리하고 있는 공주시의 서쪽은 북에서부터 정지산 - 교촌봉 - 봉황산 - 월락산 등이 거의 남북 일직선상에 솟아 있는데, 그 중 교촌봉 일대에 자리하고 있는

---

27) 輕部慈恩, 1971, 위의 책, 40~49쪽.

고분군이 교촌리 고분군이다.

가루베가 교촌리 고분군을 보고 고분군과 나성과의 관계를 생각해 낸 것은 전축분인 교촌리 2호분과 3호분 때문이다.

교촌리 2호분은 연화문 벽돌로 축조한 고분으로, 발견 당시 이미 크게 파괴된 상태였다. 아울러 교촌리 2호분에 사용된 것과 같은 연화문 벽돌이 무령왕릉원 이라든가 공주 시내의 상반정소학교(常盤町小學校)(현 봉황초등학교), 공산성 등지에서 확인되기도 하였다. 가루베는 이러한 사실에 주목하였다. 그래서 어떻게 교촌리 2호분에 사용된 것과 같은 벽돌이 무령왕릉원 5호분이나 6호분, 29호분 등지에도 사용될 수 있었던 것인지, 그리고 초등학교의 우물 축조에도 사용될 수 있었던 것인지에 주목하였다.

그 결과 교촌리 2호분 축조에 사용할 벽돌을 많이 만들어 놓았다가 여기저기에 사용한 것이 아니라 교촌리 2호분 축조에 사용했던 벽돌을 재사용한 결과로 보았다. 그것은 여기저기서 발견된 벽돌을 모두 모아도 고분 1기를 축조할 수 있을 정도의 분량에 불과했기 때문이었다.

이렇게 되면 교촌리 2호분은 축조한 후 얼마 지나지 않은 시점에 부득이 한 일이 생겨 폐기한 것이고, 그 대신 2호분 축조에 사용된 벽돌 중 일부를 무령왕릉원의 관대(棺台)나 연도 폐쇄용 벽돌, 그리고 학교 우물 축조 등에 재사용한 것이 되는 셈이다.

교촌리 3호분은 교촌리 2호분의 남쪽 인접한 곳에 자리하고 있는 고분으로, 축조 도중 포기하여 미완성인 채로 남아 있는 고분이다. 이 3호분의 축조에 사용한 벽돌은 2호분의 벽돌과 달리 무늬가 없는 것이 특징이다. 바닥면과 동서북벽의 일부는 축조하였지만, 남벽과 연도부분은 전혀 축조하지 않은 상태로 남아 있었다. 따라서 이러한 잔존 상황으로 미루어 볼 때 축조하다가 중도에 포기한 것으로 결론 내렸던 것이다.

흥미로운 점은 이 교촌리 3호분의 배수로 위에 또 다른 횡혈식 석실묘가 자리하고 있다는 사실이다. 그것이 교촌리 6호분이다. 이 교촌리 6호분은 합장형 천정 구조를 갖고 있는 것으로, 이러한 종류의 횡혈식 석실묘가 그렇듯이 판석으로 축조한 것이다.

이렇게 교촌리 고분군을 이루고 있는 교촌리 2호분과 3호분이 다 같이 전축분이고, 그 중 하나는 축조된 지 얼마 지나지 않아 곧 폐기된 반면에 다른 하나는 축조 도중 포기하게 된 것에 가루베는 흥미를 느꼈다. 그리고 이러한 현상이 일어나게 된 배경을 나름대로 추론한 결과 이것이 고분과 나성과의 관계에서 비롯된 것으로 결론 내렸다. 즉 백제에서는 원래 나성 내부에는 고분을 축조하지 않는 것이 원칙이었는데, 교촌리 2호분을 축조한 지 얼마 지나지 않아 나성을 확장하게 됨에 따라 2호분이 나성 내부에 자리하게 된 것으로 보았다. 그렇기 때문에 어쩔 수 없이 2호분을 폐기 처분할 수 밖에 없었고, 그 대신 2호분 축조에 사용한 벽돌을 다른 곳에 재사용 하였다고 생각했던 것이다.

반면에 3호분은 축조 도중 나성을 확대하게 되어 나성내에 포함되게 되자 중도에 축조를 포기한 것으로 해석하였다. 상황은 다르지만 모두가 나성내에는 고분을 축조하지 않는다는 원칙을 지키는 과정에서 비롯된 것으로 판단하였다.

2. 고분의 유형에 대한 인식

가루베는 공주지역에서만 그 자신이 강조하듯이 약 1천여 기의 고분을 실견하였다.[28] 그리고는 그 중 100여 기를 실측 하였다. 그러다보니 그 축조법에 일정한 법칙이 있고, 또 분묘를 조영하는 지역에 일정한 조건이 있음을 알게 되었다. 그래서 그것을 종합해서 공주에 있는 백제 고분을 〈그림 4〉와 같이 6개의 유형으로 형식분류 하였다. 현실의 내부구조를 중심으로 백제 고분의 유형을 6가지로 분류했던 것이다.[29]

제1유형은 모의문장형(母衣蚊帳形) 현실이라고 부른 것이다. 장벽이 단벽보다 약간 긴 장방형의 현실에 궁륭상으로 천장을 구축한 고분을 말한다. 연도는 대체로 우측에 자리하고, 벽면에는 회를 바른 것이 특징이다. 무령왕릉원 1~5호분과 보통골 1호분[30]을 대표적인 예로 들고 있다.

가루베는 이러한 유형의 백제 고분이 낙랑 등 중국 한대(漢代)의 전축분과 밀접하게 관련되어 있다고 보았다.[31] 아울러 연도를 우편재로 한다든가 벽면에 회를 칠하는 전통은 고구려 고분과 상통하는 요소라고 생각했다.

가루베는 이러한 제1유형의 고분을 공주지역에서 가장 빠른 시기의 고분으로 보았다. 아울러 이러한 고분이야말로 규모가 가장 크

---

28) 輕部慈恩, 1933,「公州に於ける百濟古墳(一)」『考古學雜誌』23-7, 40쪽.
29) 輕部慈恩, 1933,「公州に於ける百濟古墳(一)」『考古學雜誌』23-7, 43~44쪽.
30) 輕部慈恩, 1934,「公州に於ける百濟古墳(五)」『考古學雜誌』24-6, 15쪽.
31) 輕部慈恩, 1930,「樂浪の影響を受けた百濟の古墳と塼」『考古學雜誌』12-5, 46~47쪽.

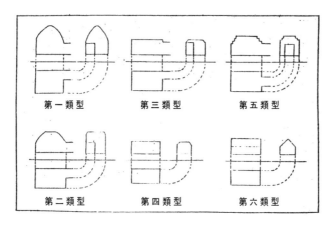

〈그림 4〉 가루베의 백제고분 형식분류도

고, 출토유물이 모두 우수할 뿐만 아니라 수량이 극히 적다는 점에서 왕족이나 귀족 계급의 무덤으로 보았다.

제2유형은 현실의 장축이 약간 긴 장방형으로, 벽돌 모양의 석재를 이용하여 축조하였는데, 대체로 제1유형과 유사하지만 제1유형보다 규모가 작은 것이 특징이다.

구조를 보면 좌우의 양 장벽은 수직으로 축조한 반면에 단벽인 남벽과 북벽은 안쪽으로 내경시킨 다음 천장석 2~3매를 얹어 완성한 형식이다. 아치식 천정구조를 가진 석실인 셈이다.[32] 제1유형과 유사하지만 벽면에 회칠을 하지 않은 점 등에서 차이가 있다고 보고 있다.[33] 이러한 석실은 우금치 일대에 많이 분포하고 있는데, 그 대표적인 사례로 우금리 1호분, 남산록 1호분과 2호분 등을 들고 있다.[34]

---

32) 이남석, 2002, 『백제의 고분문화』, 서경문화사, 204~205쪽.
33) 輕部慈恩, 1934, 「公州に於ける百濟古墳(五)」, 『考古學雜誌』24-6
34) 輕部慈恩, 1934, 「公州に於ける百濟古墳(五)」, 『考古學雜誌』24-6, 17~23쪽.

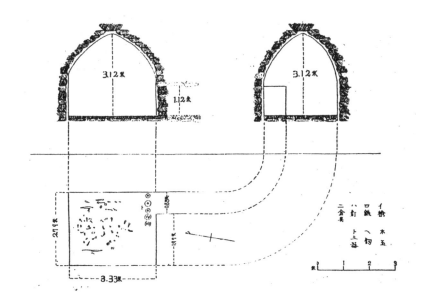

〈그림 5〉 무령왕릉원 2호분(제1유형)

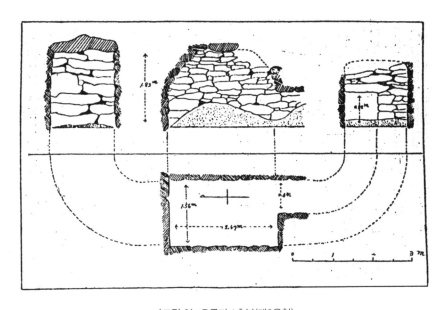

〈그림 6〉 우금리 1호분(제2유형)

제3유형은 평면 장방형에 우편재 연도를 설치한 것으로, 벽돌모양의 석재를 수직으로 쌓아 올려 만든 것이다. 장벽을 점차 내경시켜 반통형(半筒形)의 궁륭을 만들고, 그 위에 여러 매의 대형석재를 올려 천정석으로 삼은 것이다. 전후의 양 단벽은 수직으로 되고, 그 대신 좌우의 장벽을 내경시킨 것으로, 제2유형에서 변화한 것으로 보고 있다. 가루베는 이러한 형식의 고분을 연도가 달려 있다는 점에서 연도부장지형현실(羡道附長持形玄室)이라 하였다. 양 벽면을 좁혀 완성한 맞조임식,[35] 혹은 양벽조임식 석실[36]인 셈이다. 남산록 25호분과 26호분을 대표적인 예로 들고 있다.

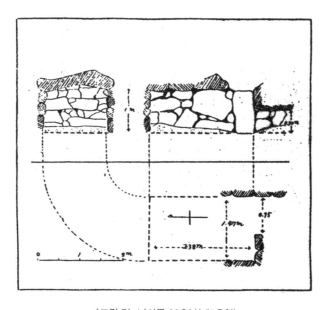

〈그림 7〉 남산록 26호분(제3유형)

35) 安承周, 1975, 「百濟古墳의 硏究」, 『百濟文化』 7 · 8합집, 공주대 백제문화연구소,
36) 李南奭, 2002, 『백제의 고분문화』, 서경문화사, 219쪽.

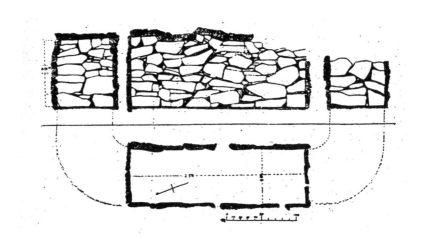

〈그림 8〉 무령왕릉원 8호분(제4유형)

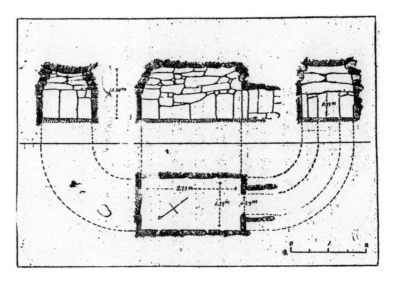

〈그림 9〉 보통골 4호분(제5유형)

　　제4유형은 제3유형과 거의 같은 형식이지만 연도가 없으며, 그만
큼 규모도 작은 형식이다. 그런 점에서 가루베는 그냥 장지형현실(長
持形玄室) 이라고 부르고 있다. 연도가 없다는 점에서 보통 수혈식 석

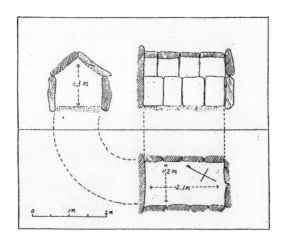

〈그림 10〉 교촌리 4호분(제6유형)

곽 이라고 부르고 있다.

이러한 유형의 고분은 수량도 많고, 분포지역도 넓으며, 다른 유형과 항상 섞여서 무리를 이루면서 자리하는 것으로 보고 있다. 아울러 현실은 석축한 것이 가장 많고, 드물게는 회곽(漆喰槨)이나 점토곽(粘土槨)도 있다고 한다. 그런가 하면 네 벽면이나 천정의 일부에 목재가 사용하였다고 생각되는 것도 있는데, 무령왕릉원 7호분과 8호분, 그리고 남산록 23호분과 41호분을 대표적인 예로 꼽고 있다.[37]

제5유형은 규모가 상당히 큰 것이 특징이다. 이 석실은 큰 판석으로 벽면을 구축하고, 각 벽의 상부에는 판석의 짧은 면을 안으로 돌려 3~4단을 내경시켜 쌓음으로써 완성한 것이다. 천정 역시 대형 판석을 얹어 마무리하였고, 연도도 대형 판석으로 마무리하였다. 우진각지붕을 닮았다는 점에서 가루베는 '우진각형 현실' 이라고 부르고 있다.

---

37) 輕部慈恩, 1934d, 「公州に於ける百濟古墳(六)」, 『考古學雜誌』24-9, 19~34쪽.

이러한 유형의 석실은 벽면에 판석을 사용한다는 점과 연도가 남벽 중앙에 자리한다는 것이 특징인데, 보통골 4호분과 남산록 20호분을 대표적인 예로 들고 있다.

제6유형은 수량이 매우 적은 것이다. 벽면은 역시 판석으로 구축하고, 그 위에 판석으로 천장을 하되 양벽에서 천장을 합장식으로 기울여 맞배지붕과 같은 형태를 하고 있는 것이 특징이다. 맞배형,[38] 혹은 단면 5각형 석실[39] 이라고 할 수 있는 것인데, 가루베는 맞배지붕형 현실이라고 부르고 있다.

3. 피장자에 대한 인식

가루베의 백제 고분 연구에서 눈에 띄는 점은 유형 분류를 처음으로 시도하였다는 사실도 있지만, 또 하나는 고분의 분포를 통해 피장자의 신분과 고분과의 관계를 추적하였다는 사실이다. 단순히 고분의 구조에만 주목한 것이 아니라 구조와 더불어 분포 위치와 규모에 주목함으로써 그때까지의 일반적인 고분 연구자와는 전혀 다른 결과를 도출해 낼 수 있었다. 그 결과 피장자의 계급에 따라 묘역이 한정되어 있었다는 새로운 사실을 찾아냈던 것이다.[40] 공주라는 특정지역을 대상으로 오랫 동안 조사와 연구를 진행함으로써 비로소 가능한 일이었을 것이다.

---

38) 안승주, 1975, 위의 논문,
39) 안승주, 1975, 위의 논문, 90~91쪽.
40) 輕部慈恩, 1936b, 「公州に於ける百濟古墳(八)」, 24쪽.

주지하다시피 공주는 금강이 지나는 북쪽을 제외한 동, 남, 서쪽에 산봉(山峰)이 솟아 있고, 산봉마다에 고분군이 형성되어 있다. 그 중 가장 먼저 조사된 고분군이 무령왕릉원이다. 1927년에 무릉(武陵)을 조사하러 공주에 왔던 총독부 박물관에 의해 현재의 무령왕릉원 1~4호분이 조사되었다.[41]

그런데『신증동국여지승람』「공주목」학교조에 보면, 앞에서도 설명하였듯이 향교 서쪽에 어느 왕인지는 알 수 없지만 백제 왕릉이 자리하고 있다는 사실을 전하고 있다.[42] 여기서 말하는 향교 서쪽의 왕릉은 그 방향이나 거리로 볼 때 무령왕릉원을 가리키는 것이 분명하다. 가루베 역시 무령왕릉원의 고분을 곧바로 왕릉이라고 단정하지는 않았지만, 이들이 왕족의 무덤으로 보아도 크게 틀리지 않을

----

41) 무령왕릉원에 대한 공식적인 조사는 1927년에 총독부 박물관에 의해 이루어졌는데, 그 보고서는 1935년에 발표되었다(野守健·神田惣藏, 1935,「公州宋山里古墳調查報告」,『昭和2年度古蹟調查報告』). 조사에서 보고서 발간까지의 시간이 길어지는 사이 가루베는 독자적으로 공주지역 고분에 대한 논문을 발표하였다. 그리고 그 과정에서 총독부박물관에서 부여한 고분의 번호와 가루베가 부여한 번호가 서로 다르게 되었다. 즉, 현재 무령왕릉원 1~4호분 이 자리하고 있는 곳에는 원래 5기의 고분이 동서 방향으로 나란히 자리하고 있어 총독부 박물관에서는 서쪽에서부터 1~5호분으로 번호를 매겼다. 그런데 어찌된 영문인지 복원될 때에는 현재와 같이 4기만 복원이 되었고, 가루베는 이 복원된 4기의 고분을 대상으로 동쪽에서부터 1~4호분으로 번호를 부여하였다. 따라서 무령왕릉원은 고분의 번호가 서로 다르고, 또 5호분의 경우 총독부 박물관에서 5호분으로 지정한 것과 가루베가 5호분이라고 부른 것이 서로 달라 혼란을 주고 있다(有光敎一·藤井和夫, 2002,『朝鮮古蹟硏究會遺稿』(Ⅱ), 유네스코 동아시아문화연구센타). 현재는 가루베가 부여한 번호대로 통용되고 있어 여기에서도 그대로 따르기로 한다.

42)『新增東國輿地勝覽』권 17,「公州牧」, 學校條. "鄕校 在州西三里 西有古陵基 諺傳百濟王陵 未知何王"

것으로 보았다.[43] 그래서 그런지 무령왕릉원 1~4호분과 같은 제1유형(궁륭상 석실)의 석실을 왕족급 무덤으로 판단하고 있다.

그런데 주지하다시피 웅진기의 백제 왕은 문주왕, 삼근왕, 동성왕, 무령왕, 성왕이다. 그 중 성왕은 부여로 천도했기 때문에 그 무덤은 부여에 있을 가능성이 높고, 다른 네 명의 왕의 무덤은 공주에 있을 가능성이 높다.[44] 실제로 부여 왕릉원 2호분의 경우, 능산리사지(陵山里寺址)와 가까운 곳에 있고, 무령왕릉의 현실 구조를 그대로 판석으로 재현하고 있다는 점에서 성왕의 무덤일 가능성이 높아 보인다.[45] 그렇다면 자연히 문주왕, 삼근왕, 동성왕, 무령왕만 남게 된다.

가루베는 무령왕릉원 5호분을 무령왕릉으로 보았다.[46] 5호분이 무령왕릉원의 다른 고분에 비해 가장 뛰어나며, 출토유물도 왕릉급에 해당된다고 보았다. 따라서 웅진기의 왕릉이 『신증동국여지승람』의 기록처럼 무령왕릉원에 모여 있다면 무령왕릉원 5호분이야말로

---

43) 가루베는 『신증동국여지승람』의 기록에도 불구하고 무령왕릉원의 무덤을 곧바로 백제 왕릉으로 단정할 수 없다고 보았다. 다만 다른 고분군과 비교해 보았을 때 묘상(墓相)이 완비되고, 구조가 뛰어난 점으로 미루어 볼 때 적어도 왕족의 무덤으로 보아도 지장이 없을 것이라고 결론 내리고 있다(輕部慈恩, 1934b, 「公州に於ける百濟古墳(四)」, 4쪽). 그가 왜 무령왕릉원을 왕족의 무덤일 것으로 보면서도 왕릉 이라고 단정하는 데에 주저했는 지는 잘 알 수 없지만, 웅진기에 재위했던 백제 왕과 무령왕릉원의 무덤 수가 서로 일치하지 않았던 것도 한 이유가 아니었을까 한다.

44) 輕部慈恩, 1934b, 「公州に於ける百濟古墳(四)」, 4~5쪽.

45) 姜仁求, 1977, 『百濟古墳研究』, 일지사, 88~89쪽.
이남석, 2002, 『백제묘제의 연구』, 서경문화사, 241쪽.

46) 1933년에 무령왕릉원 6호분이 조사되고 난 다음에는 오히려 무령왕릉원 6호분을 무령왕릉이 아닐까 하였지만(輕部慈恩, 1946, 『百濟美術』, 寶雲舍, 126쪽), 이 시기에는 아직 6호분의 내부가 조사되기 이전이어서 그런지 5호분을 무령왕릉으로 추정하고 있다(輕部慈恩, 1934b, 「公州に於ける百濟古墳(四)」, 5쪽).

무령왕릉으로 볼 수도 있지 않을까 하고 생각했던 것이다.

아울러 무령왕릉원 1호~4호분은 번호 순서대로 축조되었다고 보았다. 물론 그 시기를 편년하는데 있어 고고학적인 근거가 있는 것은 아니다. 다만, 무령왕릉원 1호분이 현무(玄武)에 해당되는 인공 조산(造山)의 바로 남쪽에 자리하고 있다는 점에서 가장 먼저 축조한 것으로 보았고, 그러다보니 여기에서 서쪽으로 멀어지면서 2호분, 3호분, 4호분이 자리하고 있는 만큼 그 순서대로 축조된 것으로 생각하였다.

이렇게 되면 가루베가 직접적으로 거론한 것은 아니지만, 4호분이 동성왕릉, 3호분이 삼근왕릉, 2호분이 문주왕릉이 되는 셈이다.[47] 그렇다면 1호분의 주인공은 누굴까. 가루베는 이 무령왕릉원 1호분을 개로왕의 무덤이 아닐까 추정하고 있다.

무령왕릉원 1호분(총독부 박물관의 5호분)은 무령왕릉원의 무덤 중에서 가장 동쪽에 자리하고 있다. 묘상(墓相)으로는 가장 뛰어난 존재이지만, 묘실은 인접한 다른 고분보다 상당히 작고, 유물 또한 토기편 이외에는 발견된 것이 없다. 그런 점에서 웅진 천도가 이루어지기 전에 한성에서 살해당한 개로왕의 무덤이 아닐까 추정하였던 것이다.[48]

---

47) 『新增東國輿地勝覽』「公州牧」, 山川條에는 "능현(陵峴)은 동쪽 5리에 옛 능터가 있기 때문에 이름한 것인데, 속설에는 백제 왕릉이라 전해온다"라고 하여 무령왕릉원 이외에 또 하나의 왕릉군이 있는 것으로 설명하고 있지만, 가루베는 현지 조사 결과 능현에는 왕릉으로 볼 만한 고분이 존재하지 않는다고 결론 내리고 있다(輕部慈恩, 1934b, 「公州に於ける百濟古墳(四)」, 5쪽). 그렇기 때문에 무령왕릉원만을 백제 왕릉으로 판단한 듯 하다.

48) 輕部慈恩, 1934b, 「公州に於ける百濟古墳(四)」, 5쪽.

이렇게 제1유형의 석실은 무령왕릉원이나 보통골 등에만 자리하고, 다른 곳에서는 좀처럼 찾아볼 수 없는 것이 특징이다. 뿐만 아니라 수량이 적고, 규모가 크며, 묘지 선정에 있어서도 가장 엄밀하고, 묘상(墓相)이 완비되어 있다. 그래서 상당히 높은 귀족 계급의 무덤이라고 해도 크게 잘못된 것이 아니라고 보았다. 출토 유물 또한 다른 고분에 비해 우수한데, 무령왕릉원이 곧 백제 왕릉이라고 한 기록도 있는 것으로 보아 왕족, 혹은 상당히 높은 귀족들에게만 허용된 유형이라고 판단하였다.[49]

제2유형은 제1유형과 여러 모로 비교가 된다. 먼저 분포면에서 볼 때 제1유형이 무령왕릉원이나 보통골과 같이 공주의 북쪽에 주로 분포하고, 일부가 동쪽에 자리하고 있는 것과는 달리 제2유형의 석실은 이러한 북쪽, 혹은 동쪽에는 전혀 없고 남쪽에만 군데군데 분포하고 있는 것이 특징이다. 제2유형의 석실은 제1유형의 석실과는 공간을 달리해서 분포하고 있는 셈이다.

이렇게 고분의 유형에 따라 서로 분포권을 달리하는 것은 무슨 의미일까. 가루베는 그것이 피장자의 계급을 반영한 결과라고 보았다.[50] 가루베가 이렇게 본 것은 기본적으로 제2유형의 석실이 제1유형의 석실과 비교할 때 다 같이 백제 웅진기의 고분 이라고 보았기 때문이다. 실제로 제2유형의 석실은 제1유형의 석실과 비교해 볼 때 부장품이나 축조 방법, 벽돌모양의 석재를 이용하여 묘실을 꾸민 점

---

49) 輕部慈恩, 1934c, 「公州に於ける百濟古墳(五)」, 5쪽.
50) 輕部慈恩, 1934c, 위의 논문, 22~23쪽.

등에 있어서 별다른 차이가 발견되지 않는다.

이렇게 제2유형의 석실은 제1유형의 석실과 동일 시기에 축조된 것임에도 분포권을 전혀 달리해서 자리하고 있는 것이 특징이다. 아울러 규모는 제1유형에 비해 절반 정도에 불과하지만, 그러면서도 다른 유형의 고분보다는 상당히 눈에 띄는 규모를 갖고 있다.

또 구조가 우월하고, 출토품 중에는 곡옥·금제이식·옥잔 등이 포함되어 있다. 그런 점에서 상류계급의 무덤임을 말해주고 있다고 보아야 할 것이다. 따라서 가루베는 이러한 제2유형의 석실을 백제의 귀족계급에 해당되는 무덤으로 결론짓고 있다.[51]

제3유형의 석실은 공주의 남산록, 능치, 월성산록, 주미산록 등지에 한정되어 자리하고 있는 것이 특징이다. 제2유형의 석실에서 변형된 것으로 보고 있는데, 그 때문인지 제2유형의 석실보다 규모가 작다.

제3유형의 석실을 제1·2유형의 석실과 비교했을 때 가장 큰 차이점은 축조하는데 사용한 석재가 다르다는 사실이다. 다시 말해서 제1·2유형의 석실은 벽돌모양의 석재를 이용하여 축조하고 있는데 비해 제3유형의 석실은 크고 작은 석재를 섞어서 사용하는 것이 특징이다. 가루베는 이렇게 석실을 축조하는데 사용된 석재의 크기가 일정하지 않은 것은 그 축조 시기가 제1·2유형의 석실에 비해 늦기 때문이라고 보고 있다. 그래서 이 유형의 석실을 사비 천도 후의 것으로 판단하였다.[52]

---

51) 輕部慈恩, 1934c, 위의 논문, 23쪽.
52) 輕部慈恩, 1934c, 위의 논문, 26쪽.

아울러 그 피장자의 계급에 대해서는 제4유형의 석실이나 그 보다 작은 구조의 고분이 일반 서민계급 이라는 점에서 이러한 제3유형의 석실도 상당한 상류계급의 고분 이라고 보고 있다.

제4유형의 석실은 흔히 '수혈식' 이라고 보는 것이다. 제3유형과 매우 흡사한데, 연도가 없다는 것이 결정적으로 다른 점이다. 그런 점에서 이러한 제4유형은 제3유형에서 비롯된 것으로 보고 있다.

가루베는 이러한 제4유형의 석실이 공주 부근에 약 1천 여 기에 달할 것이라고 하였다.[53] 그리하여 수량이 가장 많고, 분포지역 또한 매우 넓으며, 다른 모든 유형과 항상 섞여서 무리를 이루며 자리하는 것이 제4유형 석실의 특징이라고 판단하였다. 아울러 이러한 유형의 고분은 출토 유물이 극히 빈약하여 백제 토기 몇 점과 목관용 관정(棺釘)이 출토되는 것이 전부인데, 그런 점에서 서민계급의 무덤일 것으로 보고 있다.[54]

그런데 이러한 유형의 무덤 중에 무령왕릉원 7호분과 8호분이 있다. 가루베는 이 무령왕릉원 7·8호분을 무령왕릉원 1·4호분의 배총(陪冢)일 것으로 해석하였다. 무령왕릉원 7·8호분에서 귀족에 준하는 화려한 부장품이 출토된 것도 그 때문일 것으로 보았다. 무령왕릉원 7·8호분은 제4유형의 석실 중에서 예외적인 존재인 셈이다.

제5유형은 사례가 매우 드문 고분이다. 보통골과 남산록에서 완전한 사례가 1기씩 발견된 일이 있고, 그 밖에 파괴된 몇 기의 고분이

---

53) 輕部慈恩, 1934d, 「公州に於ける百濟古墳(六)」, 33쪽.
54) 輕部慈恩, 1934d, 위의 논문, 33쪽.

보통골에 남아 있는 정도다.

구조적인 측면에서 보았을 때 제5유형의 석실은 벽면의 하단에 판석형 석재를 사용하고 있고, 연도가 남벽 중앙에 자리한다는 것이 특징인데, 이러한 판석과 중앙 연도는 공주 부근의 백제 고분 중에서는 이 유형에서 처음으로 채택한 수법 이라고 보았다.[55] 네 벽의 위쪽에 2~3단의 고임돌을 내경시켜 현실의 폭을 좁힌 다음, 그 위에 개석(蓋石)을 얹었다는 점에서 제1유형 및 제2유형으로부터의 변천을 말해주는 것으로 가루베는 이해하였다. 그런 점에서 이러한 유형의 고분은 사비 천도 이후, 심지어는 나당연합군에 의해 백제가 멸망된 이후에 축조된 것일지도 모른다는 추론을 하고 있다.

가루베는 제5유형의 석실이 제3·4유형의 석실보다 규모가 훨씬 크고, 제2유형의 석실과 비견되는 정도이기 때문에 상당히 높은 귀족 계급의 무덤일 것으로 보았다.[56] 아울러 이러한 유형의 고분이 많지 않은 것은 사비 천도 이후 귀족 계급이 대부분 사비로 이주하여 공주에 남은 인물이 적었던 사실을 반영하는 것이 아닐까 라고 해석하였다.

마지막으로 제6유형은 맞배형 석실인데, 이는 백제 고분 특유의 좌우 장벽(長壁)을 내경시키는 특징에서 비롯된 것이라고 보았다. 그런 점에서 제4유형의 변형이라고 해석한 것이다.[57] 이러한 유형의 석실은 발견 사례가 많지 않을 뿐만 아니라 부장품이 분명치 않아 피

---

55) 輕部慈恩, 1936a, 「公州に於ける百濟古墳(七)」, 17쪽.
56) 輕部慈恩, 1936a, 위의 논문, 18쪽.
57) 輕部慈恩, 1936a, 위의 논문, 19쪽.

장자의 계급을 알아보기가 쉽지 않은데, 제4유형의 석실이 변화한 것이라는 점에서 제4유형의 석실과 마찬가지로 서민 계급의 무덤이 아닐까 추정하고 있다.

Ⅲ. 백제 고분의 인식에 대한 검토

1. 입지에 대한 인식

가루베는 일반적인 백제 고분 연구자들과는 달리 고분의 입지조 건을 강조하고 있다. 그 결과 백제 고분은 신라나 낙랑과 같이 평지 에 축조된 것은 전혀 없고, 반드시 구릉의 경사면, 혹은 산복(山腹) 을 선정해서 축조하였다고 결론 내리고 있다.[58]

아울러 그 지세 또한 지수화풍(地水火風)의 사신(四神)을 배치하는 것을 중요한 조건으로 삼았다고 보았다. 다시 말해서 북쪽에 현무 (玄武)에 해당되는 인공 조산(造山)을 두고, 좌우에 청룡과 백호에 해 당되는 지맥이 있는 곳을 선정하여 현무의 남쪽에 고분이 자리한다 고 보았다.[59] 이러한 고분의 남쪽 멀리에는 주작(朱雀)에 해당되는 남 산(南山)이 있어야 함은 물론이다.

---

58) 輕部慈恩, 1933a, 「公州に於ける百濟古墳(一)」, 41쪽.
輕部慈恩, 1946, 『百濟美術』, 寶雲舍, 112쪽.
59) 輕部慈恩, 1934, 「公州に於ける百濟の遺蹟」, 『朝鮮』234 ; 윤용혁, 2010, 『가루베지온의 백제연구』, 서경, 247쪽.

이러한 입지에 대한 견해는 그 자신이 공주지역에 오랫 동안 거주
하면서 현장 답사를 통해 얻어진 지식일 터인데, 백제 횡혈식 석실이
남사면에 자리한다는 사실은 대단히 중요한 지적이 아닌가 한다. 실
제로 지금까지 조사된 사례를 놓고 보아도 백제 석실묘는 남사면에
자리하는 것이 대부분이기 때문이다. 특히 공주지역의 석실묘는 구
릉의 정상부나 선상부를 피하여 남사면에 자리하고 있는 것이 하나
의 특징이다.[60]

예컨대, 원주 법천리 고분군은 대표적인 한성기 백제 고분군으로
알려져 있지만, 평지에 자리하고 있다는 점에서 재검토의 여지가 있
다.[61] 실제로 법천리 고분군의 석실들은 구조적 측면에서 적어도 한
성기로 편년하기 어려운 요소들을 다수 갖고 있다. 그런 점에서 입
지는 곧 그 고분의 계통을 반영해 준다고 할 수 있다. 입지가 갖는
중요성을 단적으로 엿볼 수 있는 대목이다.

이러한 사실은 비단 법천리유적에만 해당되는 것은 아니고, 다른 지
역의 고분에도 똑같이 적용할 수 있다. 최근 몇 년간 계속해서 논란이
되고 있는 한강유역의 가락동과 방이동의 석실무덤[62] 역시 구릉의 정

---

60) 姜仁求, 1977,『百濟古墳研究』, 일지사, 13쪽.
　　安承周, 1975, 앞의 논문, 5쪽.
　　李南奭, 1995,『百濟 石室墳 研究』, 학연문화사, 67쪽.
　　崔秉鉉, 1997,「서울 江南地域 石室墳의 性格」,『崇實史學』10, 102쪽.
　　李南奭, 2002,『百濟 墓制의 研究』, 서경, 84쪽.
61) 서정석, 2004,「原州 法泉里遺蹟의 年代」,『淸溪史學』19, 청계사학회
62) 최근의 대표적인 예로 다음과 같은 것이 있다.
　　이문형, 2014,「한성기 백제 횡혈식석실묘의 특징과 성격」,『先史와 古代』42.
　　김규운, 2014,「가락동·방이동고분군으로 본 백제 횡혈식석실의 성립」,『先史와 古

1장 백제 고분에 대한 인식　41

상부라는 입지로 보면 그 국적이 어디인지는 손쉽게 판단할 수 있다.

이렇게 사면에 자리한다는 사실과 함께 지하식 석실을 조성하였다는 지적도 중요하다. 실제로 지금까지 공주와 부여에서 조사된 백제 횡혈식 석실들은 지하식을 가장 큰 특징으로 꼽을 수 있기 때문이다.[63]

사실 백제 석실무덤이 남사면에 자리하고 있는 것도 이렇게 지하식으로 축조하기 위해서일 것이다.[64] 평지에 축조하든가 구릉의 정상부에 축조할 경우에는 지하식으로 조성하기가 대단히 어렵다. 그런 지형이라면 오히려 반지상식, 혹은 지상식으로 조성하는 것이 편리하다. 실제로 평지나 구릉 정상부에 자리하고 있는 석실 중에는 반지상식이나 지상식의 형태를 하고 있는 것이 대부분이다. 따라서 입지와 지하식 구조인지의 여부를 놓고 보면 한강유역의 가락동과 방이동의 석실은 결코 백제 고분이 될 수 없다. 그런 점에서 입지를 강조한 가루베의 주장은 백제 횡혈식 석실의 핵심요소 중 하나를 정확히 짚어냈다고 볼 수 있다.

그러나 웅진기부터 모든 고분군이 풍수사상에 입각해서 자리했다

代』40.

이남석, 2013, 「新羅土器 出土 百濟 石室墓의 檢討」, 『白山學報』 97.

김무중, 2011, 「백제 한성기 횡혈식석실분의 구조와 조사방법」, 『동아시아고분문화』, 서경문화사.

성정용, 2009, 「중부지역에서 백제와 고구려 석실묘의 확산과 그 의미」, 『횡혈식석실묘의 수용과 고구려사회의 변화』, 동북아역사문화재단.

63) 姜仁求, 1977, 앞의 책, 35~46쪽.

64) 그런 점에서 백제는 횡혈식 '석실묘'라고 불러야 하고 고구려나 신라의 경우에는 횡혈식 '석실분' 이라고 부르는 것이 옳다고 생각한다.

는 주장은 좀 더 살펴볼 필요가 있는 것이 아닌가 한다. 무령왕릉이 남사면에 자리하고 있으면서도 남침(南枕)을 하고 있는 것을 보면 어떤 형태로든 그 시기에 풍수사상 같은 것이 백제에 들어와 있었던 것은 인정해도 좋을 듯하다.[65] 다만 그렇다고 해서 그것이 공주지역의 모든 고분군에 적용될 수 있다는 뜻은 아니다. 예컨대 가루베는 무령왕릉원 1~4호분의 북쪽에 솟아 있는 시설물을 현무(玄武)에 해당되는 인공 조산(造山)이라고 보았지만, 이 시설물은 개로왕의 허묘(墟墓),[66] 혹은 제단[67]이나 불교 관련 시설[68]로 보아야지 풍수사상과 관련된 인공 조산(造山)은 아니다.

그런가 하면, 널리 알려져 있듯이 가루베는 이러한 풍수사상에 입각해 무령왕릉원이 조성되었다고 보았기 때문에 현재의 무령왕릉 또한 고분이 아닌 무령왕릉원 5·6·29호분의 현무에 해당되는 조산(造山)이라고 판단하였다.[69] 그러나 이것이 조산이 아니라 무령왕릉 이라는 사실은 우리가 이미 알고 있는 바와 같다.

이렇게 웅진기에 백제가 고분을 축조할 때 나름대로의 선지사상(選地思想)이 있었던 것은 사실이겠지만, 그렇다고 해서 모든 고분군에 현

---

65) 姜仁求, 1979, 「中國 墓制가 武寧王陵에 미친 影響」, 『百濟研究』 10, 충남대 백제연구소, 106쪽.

66) 조유전, 1991, 「宋山里 方壇階段形 무덤」, 『百濟武寧王陵』, 공주대 백제문화연구소, 68쪽.

67) 徐程錫, 1994, 「宋山里 方壇階段形 積石遺構에 대한 검토」, 『百濟文化』 24, 공주대 백제문화연구소.

68) 임영진, 2013, 「宋山里 D地區 積石遺構의 性格」, 『百濟文化』 48, 공주대 백제문화연구소.

69) 輕部慈恩, 1934a, 「公州に於ける百濟古墳(三), 40쪽.

무의 역할을 했던 인공 조산을 만들어 놓았다고 보기는 어렵다.[70]

2. 유형 분류에 대한 인식

가루베는 공주에 분포하는 백제 고분을 천정 구조를 중심으로 6가지 형식으로 분류하였다. 백제 횡혈식 석실묘가 거의 조사되지 않았던 시기, 횡혈식 뿐만 아니라 백제 고분에 대한 조사와 연구가 거의 이루어지지 않았던 시기에 공주라는 특정 지역을 대상으로 장기간에 걸쳐 고분을 샅샅이 조사하고, 나름대로의 관점에서 유형 분류를 시도한 것은 분명 높이 평가할 부분임에 틀림없다. 오늘날의 고고학 연구가 대체로 자신이 몸담고 있는 지역을 중심으로 이루어지고 있는 것을 염두에 두고 보면, 지역 연구자의 전형을 보여주고 있다고 해도 과언이 아닐 것이다.

그러나 가루베의 유형 분류는 오늘날의 관점에서 본다면 몇 가지 달리 생각해 볼 여지가 있는 것도 사실이다.

먼저, 가루베는 공주지역의 백제 고분을 분류하면서 제1유형부터 제6유형까지로 나누고 있는데, 각 유형의 특징을 압축해서 보여줄 수 있는 용어로 바꾸었더라면 각 유형의 특징을 좀 더 쉽고, 좀 더 분명하게 이해할 수 있었지 않았을까 한다. 예컨대 가루베의 제1유형은 궁륭식이고, 제2유형은 아치식이 될 것이다. 제3유형은 맞조임식, 혹은 양벽 조임식에 가깝고, 제4유형은 수혈식, 제5유형은 단면

---

70) 이남석, 1995, 앞의 책, 68쪽.

6각식이고, 제6유형은 맞배식으로 보면 좋을 듯하다. 그런 점에서 각 유형을 숫자로 분류하지 말고 이렇게 특징적인 용어로 분류했더라면 하는 아쉬움이 있다.

그러나 무엇보다도 가루베의 유형 분류에서 가장 큰 아쉬움은 천정 구조를 기준으로 유형분류를 시도하였다는 사실이다. 천정 구조가 석실 무덤의 유형 분류에 일정한 의미가 있는 것은 사실이지만, 천정 구조는 현실의 평면형태에 의해 좌우된다고 해도 과언이 아니다. 그런 점에서 현실의 평면형태야말로 1차적인 분류의 기준이 되어야 할 것이다.[71]

현실의 평면형태를 기준으로 할 경우, 공주지역 백제 석실묘는 방형과 장방형으로 나누어볼 수 있다. 아울러 방형은 공주지역에서 많이 보이고 부여지역에서는 전혀 보이지 않는 반면에, 장방형은 부여지역에서 많이 보인다는 사실도 알 수 있다. 방형은 웅진기, 장방형은 사비기에 유행한 석실묘임을 말해주는 것이다.[72]

물론 그렇다고 해서 모든 방형 석실이 전부 웅진기로 편년될 수 있는 것은 아니다. 통일신라 때에도 방형 석실은 유행하였기 때문이다.

---

71) 김원룡, 1982, 「백제 고분에 관한 몇 가지 관찰」, 『백제연구』 특집호, 103~110쪽.
　　崔秉鉉, 1992, 『新羅古墳硏究』, 일지사, 435~436쪽.

72) 安承周, 1975, 「百濟古墳의 硏究」, 『百濟文化』7·8합집, 66쪽.
　　東潮·田中俊明, 1989, 『韓國の古代遺蹟』2(百濟·伽耶篇), 중앙공론사.
　　조영현, 1990, 「삼국시대 횡혈식석실분의 계보와 편년연구」, 충남대대학원 석사학위논문.
　　이남석, 1995, 『百濟石室墳硏究』, 학연문화사, 252~254쪽.
　　최완규, 1998, 『금강유역 백제고분의 연구』, 숭실대대학원 박사학위논문.
　　山本孝文, 2002, 「백제 사비기 석실분의 계층성과 정치제도」, 『한국고고학보』47.

신라의 횡혈식 석실은 세장방형에서 장방형으로, 다시 방형으로 변화해 갔고, 천정 역시 평천정에서 궁륭식으로 변화하였다.[73] 그런 점에서 공주지역의 방형 석실을 모두 웅진기 백제 고분으로 판단할 수는 없다. 실제로 현재까지 조사된 방형 석실 중에서 통일신라 때로 편년할 수 있는 석실이 적지 않다. 반면에 장방형 석실의 경우에는 웅진기 고분일 가능성이 상대적으로 낮다.

횡혈식 석실의 현실 평면형태가 갖는 중요성이 이러한 데도 가루베는 천정 구조에만 주목하였다. 그 결과 제1유형 → 제2유형 → 제3유형(제5유형) → 제4유형 → 제6유형 이라는 변화 과정을 상정하고 있다. 낙랑 전축분과 고구려 횡혈식 석실의 영향을 동시에 받은 제1유형(궁륭식)의 석실이 가장 빠르고, 여기서 변화된 제2유형(아치식)이 그 다음이며, 이후 순차적으로 변화해 갔다고 이해하였다.

그러나 석실 무덤은 천정 구조보다 평면형태에 주목해야 한다. 그런 점에서 제4유형을 제외한 나머지 5개 유형은 방형(제1유형)과 장방형(제2·3·5·6유형)으로 나눌 수 있고, 다시 장방형에서는 판석으로 축조한 제5·6유형과 일반 할석으로 축조한 제2·3유형으로 나누어 볼 수 있을 것이다.

현실의 천정 구조에만 주목한 탓에 구별이 애매한 것도 있다. 제3유형과 제5유형이 그것이다. 제5유형의 석실은 괴임식,[74] 혹은 평사천정식(平斜天井式)[75] 이라 부르던 것으로, 오늘날의 관점에서 본

---

73) 홍보식, 2003, 『신라 후기 고분문화 연구』, 춘추각, 182쪽.
74) 안승주, 1975, 앞의 논문, 92~94쪽.
75) 강인구, 1977, 앞의 책, 79쪽.

다면 단면 6각형 석실이다. 가루베는 양쪽 장벽 뿐만 아니라 단벽도 벽면의 위쪽에 2~3단의 괴임돌을 내경시켜 네 벽면 모두에 괴임돌이 있는 것처럼 설명하고 있지만,[76] 실은 양 장벽의 위쪽만을 내경시킨 것이고, 남벽과 북벽은 거의 수직에 가깝게 올라가는 것이 보통이다. 그런 점에서 제5유형과 제3유형은 실은 같은 유형으로 보아야 할 것이다. 차이가 있다면 축조 재료가 제3유형은 할석이고, 연도가 제3유형은 동쪽에 편재되어 있는데 비해 제5유형은 중앙 연도라는 점 뿐이다.

가루베 역시 이 점이 신경이 쓰였는지 제5유형이 제3유형과 마찬가지로 제2유형에서 변화한 것이라고 보고 있다.[77] 비록 제5유형이 제3유형과는 다른 발달 과정을 거쳤다고 보고 있지만, 제5유형과 제3유형의 친연성을 강조한 셈이다.

한편, 가루베의 제4유형은 흔히 수혈식으로 해석하고 있는데,[78] 백제의 일반적인 수혈식 석곽과는 차이가 있는 것이 아닌가 한다. 예를 들어 이러한 유형의 대표적인 사례라 할 수 있는 무령왕릉원 8호분의 경우, 무령왕릉원 4호분에서 경사면 아래쪽으로 약 10m 정도 떨어진 남사면에 자리하고 있는 것으로, 남북 길이 2.5m, 동서 너비

---

76) 輕部慈恩, 1936b, 「公州に於ける百濟古墳(八)」, 22쪽.
77) 輕部慈恩, 1936b, 위의 논문, 22쪽.
78) 梅原末治, 1972, 『朝鮮古代の墓制』, 國書刊行會, 70쪽.
　　이남석, 1991, 「3. 여타의 송산리 석실분」, 『百濟武寧王陵』, 공주대 백제문화연구소, 79~81쪽.
　　국립공주박물관(山本孝文 譯), 2013, 「공주의 백제고분(6)」, 『宋山里古墳群 基礎資料集(解說)』, 216쪽.

0.8m의 크기로 되어 있다.[79] 일반적인 수혈식 석곽 이라면 남사면에 자리하고 있는 만큼 동서방향이 길고, 남북방향은 좁아야 하지만 정반대로 되어 있는 것이다.

이러한 사실은 무령왕릉원 7호분에서도 확인된다. 무령왕릉원 7호분은 무령왕릉원 1호분에서 경사면 아래쪽으로 약 3m 정도 떨어진 지점에 자리하고 있는 것으로, 남북으로 긴 2.5m 크기의 현실을 갖고 있다.[80] 남사면에 자리하고 있으면서도 동서방향으로 긴 것이 아니라 남북방향으로 장축을 취하고 있는 것이다.

주지하다시피 백제의 수혈식 석곽은 보통 등고선과 평행하게 축조된다.[81] 무령왕릉원 7호분이나 8호분처럼 등고선과 직교하는 형태는 좀처럼 찾아보기 어렵다.[82] 더구나 무령왕릉원 8호분에서는 목관용으로 생각되는 관정(棺釘)도 수습되었다. 백제 수혈식 석곽은 목관을 사용한 흔적을 찾아보기 어려운 것이 특징이다.[83] 물론 최근들어 백곡리 고분과 천안 용원리 석곽묘에서 관정과 꺾쇠가 발견된 사례가 있기는 하지만, 이는 수혈식 석실 이라고 해야 할 것으로, 무령왕릉원 7·8호분이나 논산 표정리, 모촌리 등지에서 발견된 석곽묘와는 다른 것이다. 그런 점에서 무령왕릉원 7·8호분은 단순히 수혈식 이

---

79) 輕部慈恩, 1934d, 「公州に於ける百濟古墳(六)」, 19쪽.
80) 輕部慈恩, 1934d, 위의 논문, 28쪽.
81) 李南奭, 2002,『百濟墓制의 研究』, 서경, 117쪽.
82) 화성 마하리에서도 등고선과 직교하는 형태의 석곽묘가 조사된 바 있지만(姜仁求, 1994,『華城 白谷里古墳』, 한국정신문화연구원) 등고선과 직교하는 형태는 특수한 사례라 할 수 있다.
83) 李南奭, 1995, 「百濟 竪穴式 石室墳의 研究」,『百濟論叢』4, 백제문화개발연구원,

라고 부르기에 주저되는 면이 없지 않다. 오히려 〈그림 8〉에 나타난 무령왕릉원 8호분은 횡구식(橫口式)처럼 보이기조차 한다. 앞으로 정확한 조사를 통해 이 문제가 재검토 되기를 기대한다.

3. 축조 시기 및 계통에 대한 인식

앞에서도 설명한 것처럼 가루베는 공주지역의 백제 고분을 모두 6가지 유형으로 분류하였다. 아울러 자신이 유형 분류한 모든 고분이 웅진기 백제 고분 이라고 하기에는 어려움이 있지만, 확실히 당시 고분으로 볼 수 있는 것들이 있다고 판단하였다.[84]

가루베의 말처럼 그가 제시한 고분 중에는 분명 백제 웅진기에 축조한 것으로 판단되는 것들이 들어 있다. 그런 반면에 사비기, 혹은 그 이후 시기에 해당되는 것이 포함되어 있는 것도 사실이다. 예컨대 앞에서도 살펴보았듯이 가루베가 제시한 제6유형(맞배식)의 석실은 판석을 사용하고 있고, 연도와 현실 사이에 문미석, 문설주석, 문지방석이 갖추어진 문틀식 구조를 하고 있다는 점[85]에서 확실히 사비기 석실 이라고 보아야 할 것이다. 판석으로 현실을 축조하는 방법은 사비 천도 이후에나 나타나기 때문이다.[86]

아직 백제 횡혈식 석실에 대한 전모가 드러나지 않았던 시기고,

---

84) 輕部慈恩, 1936b, 앞의 논문, 23쪽.
85) 安承周, 1967, 「公州 百濟古墳 樣式의 一例 -장기면 시목동고분을 중심으로-」, 『百濟文化』창간호, 공주대 백제문화연구소, 7~13쪽.
86) 강인구, 1977, 앞의 책, 41~44쪽.

그 때문에 고양군 중곡리나 여주군 매룡리의 석실이 모두 백제 고분으로 이해되던 시기[87]임을 감안해 볼 때 공주지역 석실묘를 모두 웅진기 백제 석실로 이해한 것은 어쩌면 당연한 일인지도 모른다. 그만큼 가루베의 주장을 그대로 따르기에는 주저되는 면이 없지 않은 것도 사실이다.

가루베는 제1유형을 공주지역의 백제 고분 중에서 가장 빠른 형식으로 보았다. 그 이유는 일단 천정 구조가 낙랑지역의 한대(漢代) 전축분처럼 궁륭식으로 되어 있기 때문이다. 따라서 이러한 제1유형이야말로 한대(漢代)의 영향을 받은 가장 이른 시기의 석실로 보았던 것이다. 아울러 그 시기는 475년에서 538년 사이일 것으로 판단하였다.

사실 백제의 횡혈식 석실, 그 중에서도 궁륭식 천정 구조의 석실이 어디에서 기원했는 지는 아직 분명하지 않다. 그렇지만 공주지역의 궁륭식 석실을 낙랑 고분과 직접 연결시키기에는 무리가 있는 것이 아닌가 한다. 우선 시기적으로 낙랑이 쫓겨난 것이 313년이지만, 공주지역 석실은 475년이 상한이다. 그런 점에서 낙랑 전축분이 축조되던 시기와 공주에 궁륭식 석실이 출현한 시기 사이에는 너무 큰 시간적인 간격이 있다.

뿐만 아니라 지리적으로도 낙랑과 공주 사이에는 백제의 도읍지였던 한강유역이 있다. 낙랑의 영향을 받아 백제에서 횡혈식 석실이 등장한 것이라면, 그 첫 출현지는 공주보다도 한강유역일 가능성이

---

87) 野守健 · 神田惣藏, 1935,「公州宋山里古墳調査報告」,『昭和2年度古蹟調査報告』, 조선총독부, 27~28쪽.

높다.[88]

가루베는 공주지역 궁륭식 석실이 낙랑 전축분의 영향으로 출현하였을 것으로 확신하면서도 고구려와의 관련성도 조심스럽게 열어놓고 있다. 벽면에 회칠한 사실이나 연도가 동벽에 치우쳐 설치된 것은 고구려 고분과 관련된 특징이라는 것이다.[89]

가루베의 견해대로라면 공주지역의 제1유형 석실은 낙랑 전축분과 고구려 석실분의 영향을 동시에 받은 셈인데, 그런 면에서도 낙랑 고분의 영향이라기보다는 오히려 고구려 고분의 영향이라고 보는 쪽이 논리적으로 더 타당하지 않을까 한다. 고구려 석실분이라는 것도 낙랑 전축분에서 기원한 것이기 때문이다. 즉 전축분을 석실로 바꾼 것은 고구려고, 현실에 회칠을 한 것도 고구려고, 우편재 연도를 설치한 것도 고구려라면, 이러한 특징을 갖춘 공주지역 제1유형의 석실은, 얼마간 낙랑 전축분의 흔적이 보인다 할지라도 그 기원을 낙랑에서 찾을 것이 아니라 오히려 고구려 석실분에서 찾는 것이 옳지 않을까 한다. 낙랑 전축분이 고구려에서 석실분화 된 다음에 그것이 백제에 전해졌다고 보는 것이 좀 더 자연스럽기 때문이다.

더구나 가루베가 누누이 강조하듯이 백제는 고분을 축조할 때 고구려와 마찬가지로 고분 주변에 사신을 배치하는 사상이 있었다고 한다.[90] 이것이 사실이라면, 공주지역 백제 횡혈식 석실묘의 기원은 더더욱 낙랑 전축분 보다는 고구려에 가까운 것으로 보아야

---

88) 小田富士雄, 1980,「橫穴式石室の導入と源流」,『日本古代史講座』4, 280~292쪽.
89) 輕部慈恩, 1936b,「公州に於ける百濟古墳(八)」, 21쪽.
90) 輕部慈恩, 1936b, 위의 논문, 22~23쪽.

할 것이다.

그렇다고 백제 횡혈식 석실의 기원을 고구려라고 단정하는 것은 아니다. 가루베의 논리대로라면 그 기원을 낙랑 고분에서 찾기 보다는 고구려 고분에서 찾는 것이 맞지만, 현 시점에서 보았을 때 고구려의 말각조정식 천정 구조와 백제의 궁륭식 천정 구조는 분명 다른 것이 사실이다. 그것이 다 같이 전축분에서 기원한 것이라 할지라도 석재로 재현하는 과정에서 전혀 다른 길을 걸었다고 볼 수 있다. 백제 궁륭식 석실의 기원을 고구려 석실에서 찾는 데에 주저하는 것도 그 때문이다.

IV. 맺음말

주지하다시피 근대 학문으로서의 고고학은 일제 강점기 때 이 땅에 들어왔다. 자연히 고고학적 활동은 일본 학자들에게 독점되었고, 한국 연구자들의 접근은 차단되었다. 그래서 일제 강점기의 고적 조사라는 것이 식민 통치의 정당성을 부여하고, 식민 통치의 문화적 성격을 과시하기 위한 것이었다는 주장이[91] 설득력 있게 들린다.

그러나 다른 한편으로 보면, 일제 관학자들의 고고학적 활동을 식민사관 및 문화재 파괴로 상징화 하여 비난만 하였을 뿐 정작 그 내

---

91) 이순자, 2009, 『일제강점기 고적조사사업 연구』, 경인문화사, 3쪽.

용에 대한 체계적인 검토가 부족했던 것도 사실이 아닌가 한다.[92]

공주지역은 가루베가 활동하기 이전만 하더라도 백제의 옛 도읍지라고 하기가 무색할 정도로 조사와 연구의 사각지대에 놓여 있었다. 백제 고분에 대한 조사는 부여에서 시작하여[93] 부여 왕릉원[94]과 익산 쌍릉[95]으로 이어졌지만, 공주지역에서의 백제 고분에 대한 조사는 1927년까지 기다려야 했다.[96]

일제 강점기 때 진행된 백제 유적에 대한 조사는 대체로 4기로 나누어 볼 수 있다. 그 중 조사가 가장 활발했던 4기(1931~1945)의 주된 조사는 부여지역의 사찰이었다.[97] 지역적으로는 부여가 중심이었고, 분야로는 사찰이 중심이었던 것이다. 공주는 그만큼 관심사에서 벗어나 있었다.

조사와 연구 환경이 이렇게 열악했던 시기에 가루베는 공주지역의 고분을 중심으로 약 20년 가까운 기간 동안 백제 고분에 대한 조사와 연구에 몰두하였다.

지금은 가루베하면 백제 고분의 대표적인 연구자로 알려져 있지만, 원래 그가 관심을 갖고 있던 분야는 불교 문화재였다. 이는 공

---

92) 정인성, 2006, 「關野貞의 낙랑유적 조사 · 연구 재검토 -일제강점기 「古蹟調査」의 기억 1」, 『호남고고학보』 24, 139쪽.

93) 八木奬三郎, 1914, 「扶餘地方發見の古墳と水門」, 『人類學雜誌』 29권 4호,

94) 關野貞, 1916, 「百濟の古墳」, 『考古學雜誌』 6권 2호.
    關野貞 · 谷井濟一, 1916, 『朝鮮古蹟圖譜』 제3책.

95) 谷井濟一, 1920, 『大正6年度古蹟調査報告』, 조선총독부.

96) 野守健 · 神田惣藏, 1935, 『昭和2年度古蹟調査報告』, 조선총독부.

97) 李炳鎬, 2011, 「日帝强占期 百濟 故地에 대한 古蹟調査事業」, 『韓國古代史研究』 61, 135쪽.

주에 정착한지 2년째 되던 해에 전문 학술지에 처음으로 투고한 논고가 서혈사(西穴寺)·남혈사(南穴寺)와 같은 불교 사원 이었다는 사실만 보아도 쉽게 알 수 있다.[98] 그 뒤에도 그의 불교 문화재에 대한 관심은 계속되어 한 동안 불상의 광배나 백제 기와에 대한 보고로 이어지기도 하였다.[99]

이렇게 불교 문화재에 관심을 갖고 있던 가루베가 백제 고분으로 연구 주제를 바꾼 것은 공주 주변에 도굴된 고분이 너무나 많았기 때문이 아닌가 한다. 겉으로 드러난 것만 1천 여기가 넘었다고 하니 그 참상을 쉽게 짐작해 볼 수 있다.

이렇게 가루베는 백제 고분에 대한 조사·연구자로 널리 알려져 있지만, 그 당시 그는 백제 유적을 조사할 수 있는 '공식적인' 위치에 있었던 것은 아니었다. 그는 어디까지나 공주고등보통학교(현 공주고등학교)에서 교편을 잡고 있었던 교사였기 때문이다. 따라서 그의 조사는 '사굴(私掘)'행위로 비판받기도 하였다.

그렇기는 하지만, 백제 고분에 대한 그의 인식은 독보적이라고 할 수 있을 정도로 두드러진 것이었다. 가루베가 현재까지도 백제 고분을 연구한 제 1세대 전문 연구자로 기억되고 있는 것은 공주지역에

---

98) 輕部慈恩, 1929, 「百濟の舊都熊津に於ける西穴寺及び南穴寺址」, 『考古學雜誌』19-4, 考古學會.
   輕部慈恩, 1929, 「百濟舊都熊津に於ける西穴寺及南穴寺址(二)」, 『考古學雜誌』19-5, 考古學會.
99) 輕部慈恩, 1930, 「百濟舊都熊津發見の百濟式石佛光背に就いて」, 『考古學雜誌』20-3, 考古學會.
   輕部慈恩, 1932, 「公州出土の百濟系古瓦に就いて」, 『考古學雜誌』22-6, 考古學會.

분포하던 738기에 이르는 방대한 양의 고분을 조사한 데에도 이유가 있지만,[100] 단순히 많은 양의 고분을 조사한 데에 그치지 않고, 오늘날의 연구 성과에 견주어도 전혀 손색이 없을 정도로 높은 수준의 결과를 도출해 낸 때문이 아닌가 한다.

가루베의 백제 고분에 대한 연구는 백제 고분의 입지, 유형 분류, 피장자의 성격, 나성과의 관계 등으로 정리할 수 있을 듯하다.

가루베는 백제 고분이 낙랑 고분이나 신라 고분과는 달리 구릉의 남사면에 자리한다는 사실에 주목하였다. 아울러 남사면에서도 사신사상(四神思想)에 입각해서 고분군이 축조된다는 사실을 발견하였다. 그 때문에 고분군의 북쪽에는 반드시 현무에 해당되는 조산(造山)이 있고, 고분군의 남쪽 멀리에는 주작(朱雀)에 해당되는 산봉(山峰)이 있다고 해석하였다.

그러나 그가 현무에 해당된다고 보았던 것 중의 하나가 오늘날의 무령왕릉임을 감안해 볼 때 공주지역 백제 고분이 정말로 사신사상(四神思想)에 입각해서 자리한 것인지는 확신하기 어렵다. 그렇다 하더라도 백제 고분이 구릉의 남사면에 자리한다는 지적은 오늘날의 백제 고분 조사와 연구에도 적용할 수 있는 훌륭한 견해라 하지 않을 수 없다.

공주지역의 고분을 조사한 결과를 바탕으로 가루베는 제1유형에서 제6유형에 이르는 6가지 고분 유형을 제시하였다. 아울러 제1유형에서 제6유형으로의 변화를 상정하고 있다.

---

100) 輕部慈恩, 1934a, 「公州に於ける百濟古墳(三)」, 34~35쪽의 표.

이러한 유형 분류는 현실의 천정 구조를 바탕으로 이루어진 것인데, 각각 오늘날의 궁륭식, 아치식, 맞조임식(양벽 조임식), 수혈식, 단면 6각식, 맞배식 천정 구조에 해당된다.

아직 어느 것이 백제 고분인지도 모르던 시절, 이렇게 특정 기준을 중심으로 유형 분류를 시도하였다는 것은 그 자체 높이 평가할 부분임에 틀림없다. 다만 그 분류의 기준이 천정 구조였다는 데에는 아쉬움이 있다. 백제 석실묘에 다양한 천정 구조가 나타나는 것이 사실이지만, 그 천정 구조라는 것도 실은 현실의 평면형태와 밀접한 관련이 있는 것이다. 그런 점에서 볼 때 천정 구조 보다는 현실의 평면형태가 1차적인 기준이 되어야 했다.

다른 고분 연구자들과 달리 가루베는 고분의 피장자가 어떤 사람이었을까 하는 점에도 관심을 가졌다. 그래서 각 고분의 유형과 피장자의 계급과의 관계를 추적하였다. 그 결과 제1유형은 왕릉급, 제2유형은 (높은)귀족계급, 제3유형은 (낮은)귀족계급, 제4유형은 서민계급, 제5유형은 제2유형과 비견되는 상당히 높은 귀족계급, 제6유형은 제4유형과 마찬가지로 서민계급으로 판단하였다.

아울러 이러한 고분의 분포로 볼 때 공주의 북쪽과 동쪽은 왕공귀족계급의 무덤이 많고, 남쪽은 일반서민 및 호족의 묘역이라고 결론 내리고 있다.

제1유형(궁륭식) 석실묘의 대표적 사례가 무령왕릉원이고, 이 무령왕릉원이 백제 왕릉으로 전해져 온다는 기록이 있는 것으로 볼 때 제1유형을 왕릉, 혹은 왕족급의 무덤으로 판단한 것은 어느 정도 이해가 된다.

그러나 가루베가 제시한 6가지 유형의 무덤 중에는 사비기 고분도 섞여 있는 만큼 동일 시기의 고분을 추출하는 작업이 선행되고, 그러한 동일 시기 고분 속에서 우열을 논해야 설득력이 있을 것이다. 당장 구조가 간단하다고 서민계급으로 판단한 제4유형의 경우, 무령왕릉원 7·8호분이 이에 해당됨을 감안해 볼 때 설득력이 떨어진다고 볼 수 밖에 없다.

반면에 나성 바깥쪽에만 고분이 자리한다는 지적은 가루베의 탁견이 아닌가 한다. 그러나 그렇다고 해서 교촌리 2호분과 3호분을 폐고분, 혹은 축조하다 중도에 포기한 고분으로 판단한 것은 재검토의 여지가 있다. 무엇보다도 공주에는 나성의 흔적이 없고, 있다손 치더라도 가루베가 제시한 대로 성벽이 이어질 가능성은 대단히 낮기 때문이다.*

---

* 본 논문은 서정석, 2015, 「輕部慈恩의 백제 고분 연구」, 『역사와 담론』 74, 호서사학회를 수정한 것이다.

2장 공주 무령왕릉과 왕릉원에 대한 인식

I. 머리말

최근 들어 일제 강점기에 이루어진 고고학적인 조사·연구에 대한 재검토가 활발히 이루어지고 있다. 때마침 각 국립박물관이 소장하고 있던 일제 강점기에 이루어진 조사·연구 자료들이 공개되면서 한층 탄력을 받고 있는 양상이다.

일제 강점기의 조사·연구를 재검토 하려는 것은 당시의 조사와 연구가 식민지라는 특수한 환경 속에서 이루어졌기 때문이다. 따라서 그 조사 방법과 결과의 해석이 순수하게 '학술적인 것'만은 아니었고, 현실적인 식민지 통치와도 무관할 수 없었다.[1] 식민 통치의 정당성을 부여하고, 식민 통치의 문화적 성격을 과시하기 위해 추진된 측면이 않았던 것이다.[2]

관학자들이 고적 조사에서 확보한 콘텐츠가 일본의 대륙 진출을 위한 역사 이미지 창조에 유효하게 사용되곤 하였고,[3] 식민사관의

---

1) 최석영, 2015, 『일제의 조선 「식민지 고고학」과 식민지 이후』, 서강대학교 출판부, 43~44쪽.
2) 이순자, 2009, 『일제강점기 고적조사사업 연구』, 경인문화사, 3쪽.
3) 정인성, 2018, 「일제강점기 나주 반남면 고분의 발굴과 야쓰이 세이이쓰」, 『제국 일본의

강화·일본과의 역사적 관계 규명·일본인 관광객 유치 등 일본의 시각에서 필요한 부분에 대해서만 조사가 이루어졌던 것도 그 때문이다.[4] 그런 점에서 이제부터라도 그 하나하나를 재검토하여 수용할 것은 수용하고, 잘못된 것은 고쳐나가지 않으면 안 될 것이다. 여기서 가루베의 '공주 무령왕릉과 왕릉원'(송산리 고분군, 이하에서는 무령왕릉원으로 약칭)에 대한 연구를 새삼 살펴보고자 하는 것도 그 때문이다.

물론 가루베를 관학자라고 할 수는 없을 것이다. 그가 공주와 그 인근 지역에서 20년 가까이 백제 유적을 정력적으로 조사하고 연구한 것은 사실이지만,[5] 그는 어디까지나 공주고등보통학교(현 공주고등학교)의 일본어 교사였다. 당시 유적 조사는 총독부가 임명한 고적조사위원이거나 총독부 박물관의 직원이 아니면 할 수 없었던 만큼[6] 가루베는 자유로운 조사를 할 수 없었던 것이 사실이고,[7] 조사를 할 수 있는 '공식적인' 위치에 있었던 것도 아니었다. 가루베의 조사와 연구는 오히려 총독부의 전문 고고학자들에게 '연구 목적이라는 미명 하에 이루어진 유례가 없는 유적의 사굴(私掘)' 행위로 비판 받았고,[8] 무령왕릉원 6호분 출토 유물의 처리 문

역사학과 '조선'』(식민주의 역사학과 제국 2), 소명출판, 273~274쪽.
4) 이기성, 2016, 「일제강점기 '古都'의 고적조사」, 『역사와 담론』79, 32쪽.
5) 윤용혁, 2005, 「輕部慈恩의 공주 백제문화 연구」, 『百濟文化』34 ; 2010, 『가루베 지온의 백제연구』, 서경문화사, 19~58쪽.
6) 有光教一·藤井和夫, 2002, 『朝鮮古蹟研究會遺稿』II, 17쪽, 주 8).
7) 輕部慈恩, 1936b, 「公州に於ける百濟古墳(八)」, 『考古學雜誌』26-4, 217쪽.
8) 有光教一·藤井和夫, 2002, 앞의 책, 14쪽.

제와 관련해서도 총독부 박물관의 전문 고고학자들로부터 준엄한 경고를 받는 등 그는 전문 고고학자들에게는 시종 '불편한' 인물이었다.[9]

이렇게 가루베는 관학자라고 할 수는 없지만 '아마추어와 전문가의 영역을 넘나들었던 학자'[10]였던 만큼 당시의 '공식적인' 위치에 있었던 어떤 연구자보다도 백제 고분에 관한 한 후대에 더 큰 영향을 끼친 것이 사실이다. 그 때문에 그의 백제 고분에 대한 인식과 그 문제점에 대해서는 이미 검토가 이루어진 바 있는데,[11] 그러한 연구를 바탕으로 여기에서는 무령왕릉원에 대한 그의 해석과 그 문제점을 살펴보고자 한다.

II. 무령왕릉원의 발견과 조사

백제 웅진기를 대표하는 무령왕릉원이 학계에 알려진 것은 부여 왕릉원보다 한참 뒤인 1927년이다. 그러나 이때 이루어진 발굴 조사에 대해서는 보고서 내용이 대단히 간단하여 정확한 실상을 알기가 쉽지 않다. 『소화2년도고적조사보고(昭和2年度古蹟調査報告)』[12]와 가루

---

9) 윤용혁, 2010, 앞의 책, 81쪽.
10) 윤용혁, 2006, 「輕部慈恩의 백제고분 조사와 유물」, 『한국사학보』 25 ; 2010, 위의 책, 103쪽.
11) 서정석, 2015, 「輕部慈恩의 백제고분 연구」, 『역사와 담론』 74, 호서사학회.
12) 野守健·神田惣藏, 1935, 「公州宋山里古蹟調査報告」, 『昭和二年度古蹟調査報告』.

베가『고고학잡지(考古學雜誌)』에 발표한 논문,[13] 그의 저서,[14] 고이즈미(小泉顯夫)의 회고담,[15] 그리고 아리미츠(有光教一)의 무령왕릉원 29호분에 대한 보고서[16] 등이 있어 그나마 당시의 발굴 조사 과정이나 매장주체시설의 실상에 대해 어느 정도 파악이 가능할 뿐이다. 최근에는 국립공주박물관에서『송산리고분군 기초자료집』을 발간하여[17] 무령왕릉원을 이해하는데 큰 도움을 주고 있다. 그렇기는하지만, 아직도 불분명한 부분이 많이 남아 있는 것이 사실이다.[18]

현재 무령왕릉원에는 1~6호분과 무령왕릉 등 7기의 고분이 복원되어 있다.[19] 무령왕릉원의 실상을 잘 모르면 자칫 원래부터 7기의

---

13) 輕部慈恩, 1933a,「公州に於ける百濟古墳(一)」,『考古學雜誌』23-7, 考古學會.
　　輕部慈恩, 1933b,「公州に於ける百濟古墳(二)」,『考古學雜誌』23-9, 考古學會.
　　輕部慈恩, 1934a,「公州に於ける百濟古墳(三)」,『考古學雜誌』24-3, 考古學會.
　　輕部慈恩, 1934b,「公州に於ける百濟古墳(四)」,『考古學雜誌』24-5, 考古學會.
　　輕部慈恩, 1934c,「公州に於ける百濟古墳(五)」,『考古學雜誌』24-6, 考古學會.
　　輕部慈恩, 1934d,「公州に於ける百濟古墳(六)」,『考古學雜誌』24-9, 考古學會.
　　輕部慈恩, 1936a,「公州に於ける百濟古墳(七)」,『考古學雜誌』26-3, 考古學會.
　　輕部慈恩, 1936b,「公州に於ける百濟古墳(八)」,『考古學雜誌』26-4, 考古學會.
14) 輕部慈恩, 1946,『百濟美術』, 寶雲舍.
　　輕部慈恩, 1971,『百濟遺蹟の硏究』, 吉川弘文館.
15) 小泉顯夫, 1986,『朝鮮古代遺迹の遍歷』, 六興出版.
16) 有光教一・藤井和夫, 2002, 앞의 책.
17) 국립공주박물관, 2012,『宋山里古墳群 基礎資料集』
18) 최근 무령왕릉원에 대한 재조사가 이루어지고 있다. 기존의 조사와 연구에서 불분명한 부분을 정확히 확인하기 위한 재조사의 필요성이 크다고 생각되며, 실제로 재조사가 이루어져 그 동안 잘못 알려진 부분이 바로잡아지기를 기대한다.
19) 뒤에서 다시 설명하겠지만 무령왕릉원의 고분 번호는 총독부 박물관에서 부여한 번호와 가루베가 부여한 번호가 서로 다르다. 지금 통용되고 있는 고분 번호는 가루베가 부여한 번호다. 그런 점에서 총독부 박물관에서 부여한 번호를 쓸 때에는 구(舊)1호분, 구(舊)2호분과 같이 번호 앞에 '舊'자를 붙여 구별하는 방안을 아리미츠(有光教一)

고분만이 자리하고 있었던 것으로 오해하기 쉽도록 되어 있다. 그러나 조사 당시의 고분 분포도에서 보면 현재 복원된 7기의 고분 이외에 7호분과 8호분, 그리고 11호분과 12호분 등 더 많은 고분이 자리하고 있었던 것을 알 수 있다. 무엇보다도 6호분의 서남쪽으로 29호분이 자리하고 있는 등 확실하게 고분으로 인식할 수 있는 것만도 80여 기에 달하였다.[20]

이렇게 많은 고분이 자리하고 있었는데, 그 중에서도 주목을 끄는 것은 1~4호분과 5~8호분이 아닐까 한다. 실제로 1~4호분은 1920년대에 조사가 이루어진 반면에 5~8호분은 1930년대에 조사가 이루어져 그 실상이 드러나게 되었다. 그 과정을 간단히 소개하면 다음과 같다.

1. 1920년대의 조사

무령왕릉원이 처음 학계에 알려진 것은 1927년에 총독부 박물관에 의해 발굴조사가 이루어진 이후다.[21] 당시 공주군 장기면 무릉리

선생이 제시하였는데(有光敎一·藤井和夫, 2002, 앞의 책), 여기에서도 그에 따르고자 한다.

20) 輕部慈恩, 1933b, 「公州に於ける百濟古墳(二)」, 『考古學雜誌』23-9, 574쪽.
이와 달리 <공주 부근 백제고분 분포 개수표>에서는 송산리에 60기, 정지산 자락과 외약리에 71기의 고분이 있었던 것으로 기록하고 있다(輕部慈恩, 1934a, 앞의 논문, 176쪽).

21) 공주 무령왕릉원의 조사 과정에 대해서는 다음에 잘 정리되어 있다.
정상기, 2012, 「일제강점기 공주 송산리고분군의 조사」, 『중앙고고연구』 10, 중앙문화재연구원.

의 구릉상에는 겉으로 보기에 고분처럼 보이는 것이 있었는데, 실제로 현지에서는 '무릉(武陵)'이라 불리우고, 또 그것이 백제 고분이라고 알려져 있었다. 그래서 1927년 4월에 공주군 보승회장이 이 '무릉(武陵)'의 조사를 총독부 박물관에 의뢰함에 따라 조사가 이루어졌다.[22] 조사 의뢰는 4월에 했지만 실제로 조사가 이루어진 것은 1927년 10월이었다.

그러나 조사 결과 '무릉'은 고분이 아니라 자연 구릉으로 판명되었다. 그래서 그 대안으로 조사한 것이 무령왕릉원이다. 이 때 대안으로 무령왕릉원이 떠오른 것은 그해 3월에 이미 무령왕릉원이 도굴됨에 따라 이것이 백제 고분이라는 사실이 널리 알려져 있었기 때문이었다.

이렇게 해서 1927년 10월 15일부터 23일까지 조사가 이루어졌

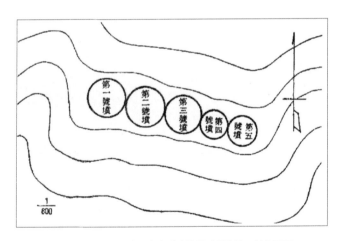

〈그림 1〉 총독부 박물관이 파악한 무령왕릉원 고분 분포도

---

22) 野守健·神田惣藏, 1935,「公州宋山里古蹟調査報告」,『昭和二年度古蹟調査報告』.

고,[23] 이때 확인된 고분은 〈그림 1〉에서 보듯이 모두 5기였다. 5기의 고분이 송산(宋山)의 정상부에 가까운 남사면에 동서방향으로 일렬로 자리하고 있었다.

주지하다시피 현재 무령왕릉원에는 1~6호분과 무령왕릉 등 7기의 고분이 정비·복원되어 있는데, 그 중 1~4호분이 하나의 군집을 이루며 밀집 분포해 있고(편의상 '1호분구역'이라 하고자 한다), 무령왕릉·5호분·6호분이 또 하나의 군집을 이루며 자리하고 있다('무령왕릉구역'이라 하고자 한다).

그 중 1927년에 조사가 이루어진 것은 바로 1호분구역이었다. 조사를 담당한 총독부 박물관에서는 이곳에 자리한 5기의 고분을 서쪽에서부터 동쪽으로 가면서 구1~5호분 이라고 명명하였다. 그리고 그중 구1호분·구2호분·구5호분을 발굴조사 하였다.

그런데 가루베의 설명에 의하면 총독부 박물관에서 조사하기에 앞서 1호분구역의 무덤을 발견한 것은 바로 자신이라고 한다. 1934년에 발간된 『조선(朝鮮)』 234호에 발표한 글에 다음과 같은 내용이 있다.

··· 필자는 공주를 중심으로 한 일대의 산악, 구릉지대를 수 없이 조사한 결과 1927년 3월에는 공주읍의 서북에 위치한 송산리의 구릉지대에서 제 1호분에서 4호분까지의 4기를 발견하고, 이어 공주읍을 중심으로 이

---

23) 송산리 구1~5호분에 대한 조사 시기를 보고서에서는 1927년 10월 이라고 했지만(野守健·神田惣藏, 1935, 위의 보고서), 고이즈미(小泉顯夫)는 1927년 4월 이라고 하였다(小泉顯夫, 1986, 앞의 책, 196쪽).

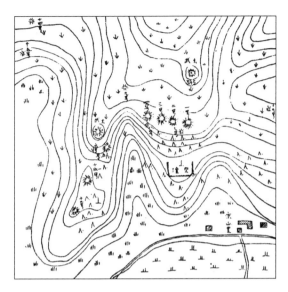

〈그림 2〉 가루베가 이해한 무령왕릉원 고분 분포도[25]

를 둘러싸고 있는 구릉에서 수 없이 많은 백제 고분을 발견하였다.[24]

　　여기에서 보면 송산리 1호분구역에 있는 1~4호분을 본인이 조사
하였다고 소개하고 있다. 아울러 총독부 박물관에서는 1호분구역에
1~5호의 5기가 자리하고 있다고 본 반면에 가루베는 1~4호의 4기의
고분만이 자리하고 있는 것으로 이해하였다.

　　그런데 무령왕릉원 2호분의 발견 경위에 대해서는 위의 내용과는

24) 輕部慈恩, 1934, 「公州に於ける百濟の遺蹟」, 『朝鮮』234, 조선총독부(윤용혁, 2010, 앞
　　의 책, 246~247쪽에서 재인용).
25) 輕部慈恩, 1934a, 「公州に於ける百濟古墳(三)」, 『考古學雜誌』24-3, 181쪽.

약간 다르게 소개하고 있는 것도 있다.[26]

　이 고분은 앞에서도 말한 바와 같이 소화(昭和) 2년(1927) 3월 초순, 해
빙기를 맞이하여 얼음이 녹으면서 석실 상부(上部)의 석적(石積)과 흙에
틈이 생겨 천정부가 함몰됨으로써 부근에 살던 아이들이 발견하고 현실
(玄室) 안에 있던 유물을 전부 갖고 나와 고물상 같은데에 팔아버렸기 때
문에 그 출토상태가 정확히 파악되지 않고 있었는데, 내가 그 후에 여러
곳에 부탁을 해서 유물의 행방을 탐문한 결과 점차 제4도에 표시한 것과
같은 유물을 찾아내 그것을 촬영할 수 있었다. 그리고 이 고분의 붕괴 당
시 최초로 현실내로 들어가 유물을 실견한 15, 6세의 최상희(?)라는 아이
를 만나 당시 유물의 배치 상태를 상세하게 들을 수 있었는데, 그것을 그
림으로 표현한 것이 제3도의 좌하(左下)이다.

　여기에서의 설명대로라면 무령왕릉원 2호분은 가루베가 발견하기
이전에 송산리의 동네 아이들에 의해 처음 발견되었음을 알 수 있다.[27]
　사실 가루베가 공주에 정착한 것이 1927년 1월이었던 만큼 3월에
무령왕릉원을 그 스스로 발견하기에는 시간적으로 여유가 없었던
것이 아닐까 한다. 아마도 위에서 소개한 것처럼 2호분은 동네 아이

---

26) 輕部慈恩, 1930, 「樂浪の影響を受けた百濟の古墳と塼」, 『考古學雜誌』 20-5, 48~49쪽.
27) 이와 달리 2호분 안에서 일본 신문과 양초가 발견되고, 또 15,6세의 아이가 증언한 것
　　치고는 유물 배치도가 상세하다는 점을 들어 가루베가 2호분을 직접 도굴했거나 사주
　　했을 가능성이 있다고 보는 견해도 있다(정규홍, 2005, 『우리 문화재 수난사』, 학연문
　　화사, 427쪽).

들이 맨 처음 발견하여 현실내의 유물을 고물상 같은 데에 파는 과정에서 입소문이 났고, 그 결과 가루베도 알게 되었을 것이다. 그 후 가루베는 무령왕릉원 2호분을 중심으로 한 주변지역을 유심히 살펴보게 되었고, 그 과정에서 3호분과 4호분, 그리고 1호분 등도 발견할 수 있었던 것이 아닌가 한다.

예컨대 무령왕릉원 3호분의 경우에는 2호분과 달리 자신이 발견하였다고 하는데,[28] 발견 당시 3호분의 봉분은 대부분이 빗물에 유실되어 약간 두두룩하게 남아 있는 정도였다고 한다. 따라서 도굴된 고분이기는 하지만 지표상에 남아 있는 현상만으로는 고분임을 알기가 쉽지 않았던 듯하다. 아마도 무령왕릉원 2호분이 발견된 이후 유심히 주변을 관찰하였기 때문에 고분임을 인지할 수 있었을 것이다. 1호분구역에 자리하고 있는 고분 수가 총독부 박물관에서는 5기라고 하고, 가루베는 4기라고 하는 등 양자가 서로 의견을 달리하는 것도 그 때문이 아닐까 한다.

요컨대 1920년대에 있었던 무령왕릉원의 발견과 조사는 다음과 같이 요약할 수 있을 듯하다.

첫째, 처음 조사가 이루어진 것은 1927년이고, 이 때만해도 1호분구역에 있었던 4기, 혹은 5기의 고분만이 알려져 있었다. 무령왕릉구역의 고분을 비롯한 그 주변의 고분들은 이때까지만 해도 전혀 그 존재를 알 수 없었다.

둘째, 1호분구역의 고분들은 조사가 이루어지기 전에 도굴된 고분

---

28) 輕部慈恩, 1934a, 「公州に於ける百濟古墳(三)」, 『考古學雜誌』24-3, 188쪽.

이기는 하지만 현실의 천정이 붕괴되면서 마을 아이들에 의해 먼저 알려지게 되었다.

셋째, 1호분구역에 자리한 고분들은 미약하게나마 지상에 봉분의 형태가 남아 있었다.

2. 1930년대의 조사

같은 무령왕릉원에 대한 조사지만, 1930년대의 조사는 1920년대와는 그 계기가 약간 다르다. 앞에서 설명하였듯이 1920년대의 조사는 봄철 해빙기에 얼음이 녹으면서 얼었던 땅이 풀리고, 그 과정에서 석실의 천정부가 붕괴되어 고분이 있음을 알게 되었다. 아울러 그 주변으로 나지막하기는 하지만 봉분의 흔적을 갖고 있는 것이 있어서 그것을 통해 또 다른 고분이 있음을 알고 조사가 이루어진 것이다.

이렇게 1927년에 조사된 무령왕릉원 1~4호분은 1932년에 정비·복원된다.[29] 이때 정비 후 유적을 견학하러 오는 사람들을 위해 참관로(參觀路)를 만드는 과정에서 다시 고분이 발견되었다. 이때 조사된 것이 현재의 5~8호분이다. 5호분은 1932년 10월 20일에 발견되었고, 6호분은 같은 해 10월 26일에 발견되었으며, 7호분은 11월 14

---

29) 이때에 무령왕릉원 1~4호분이 정비 복원된 것은 조사 후 무령왕릉원이 갖고 있는 특수한 구조와 성격 때문에 장래의 연구를 위해 보존할 필요가 있어서(野守健·神田惣藏, 1935, 앞의 보고서, 8쪽) 이기도 하지만, 당시 충남 도청이 공주에서 대전으로 옮겨가게 됨에 따라 공주지역 민심을 달래기 위한 측면도 있었다(윤용혁, 2010, 앞의 책, 65쪽).

일, 8호분은 10월 27일에 각각 발견되었다.[30] 그 중 무령왕릉원 5호분이 발견되는 과정을 가루베는 다음과 같이 소개해 놓았다.[31]

이 고분은 앞서 본 1호분에서 4호분까지 각 고분들의 공통적인 백호(白虎)에 해당되는 지맥의 동남 끝에 가까운 장소에 축조되었다. 바로 뒤에는 인공적으로 축조된 직경 10m, 높이 약 8m의 현무(玄武)에 해당되는 산(山)이 있는데, 고분은 그 남쪽 전방에서 약간 동쪽으로 치우쳐서 자리하고 있다. 분구(墳丘)는 거의 빗물로 유실되어 외견상 전혀 눈에 띄지 않으며, 산 중턱에 절벽처럼 되어 있었다. 그것이 …전술한 전(傳) 백제왕릉으로 이어지는 길을 신설하는 도중 천정 개석이 나타나 발견된 것이다.

여기에서 보면 무령왕릉원 5호분은 1~4호분과 달리 도로를 개설하는 과정에서 천정석이 노출되어 발견된 것임을 알 수 있다. 그때의 참관로(參觀路)가 구체적으로 어떻게 개설되어 있었는지는 알 수 없지만, 현재 남아 있는 양상과 당시의 설명을 참고하면 애초에는 〈그림 3〉의 점선처럼 참관로를 개설하고자 했던 것이 아닌가 한다.

현재 무령왕릉원 1~4호분쪽으로 가기 위해서는 남쪽에서부터 일직선으로 진입하다가 〈그림 3〉에서 보는 것처럼 6호분 앞에서 오른쪽으로 꺾여 5호분을 휘돌아 1호분구역으로 가게 되어 있다. 이것은 아마도 여기서 설명하는 것처럼 5호분과 6호분이 발견된 이후에 새

---

30) 輕部慈恩, 1933b, 「公州に於ける百濟古墳(二)」, 『考古學雜誌』23-9, 574쪽 표.
31) 輕部慈恩, 1934b, 「公州に於ける百濟古墳(四)」, 『考古學雜誌』24-5, 277~278쪽.

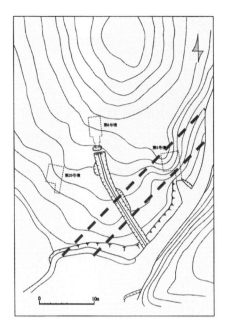

〈그림 3〉 무령왕릉구역 고분 분포도

로이 코스를 변경한 참관로이고, 애초에는 〈그림 3〉의 점선처럼 참
관로를 개설하고자 했던 것이 아닌가 한다. 그런데 도로를 개설하는
공사 중 5호분의 천정석과 6호분의 배수구(排水溝)가 발견되어 어쩔
수 없이 현재와 같이 5호분을 우회하는 참관로가 개설된 것으로 생
각된다. 도로 개설 전까지 5호분에는 그야말로 지표상에 무덤이라고
볼 만한 흔적이 전혀 남아 있지 않았던 셈이다. 그런 점에서 1~4호
분과는 잔존 양상이 좀 달랐던 것을 알 수 있다.

　이러한 사실은 무령왕릉원 6호분의 발견 경위에 대한 설명에서도
마찬가지다. 가루베는 먼저 송산리의 전곽분(塼槨墳)에 대해서 다음

과 같이 설명하고 있다.[32]

　　공주 송산리를 중심으로 한 지대에 백제의 전곽분이 축조되어 있을 것
이라는 점은 필자가 이미 본지(本誌) 제 20권 제5호에서 언급한 바 있는
데, 이후의 조사로 그 확증을 얻었다 … 5호분처럼 두 개의 관대(棺台)를
벽돌로 축조하고, 또 연도 입구를 폐쇄하는데 현실(玄室) 축조용의 벽돌
을 사용한 사례가 발견되었으며, 또한 교촌리(校村里) 등지에서 전곽분(塼
槨墳)이 존재했던 확실한 장소를 발견할 수 있었다. 최근에는 가장 흥미
로운 전축 배수구(排水溝)가 발견되었다. 이 배수구는 일부분이 발굴되었
을 뿐이기 때문에 분명치 않지만, 아마도 전곽(塼槨)에서 이어지는 것으
로 추정된다.

　여기서 말하는 전곽분이 곧 무령왕릉원 6호분인데, 가루베에 의하
면 무령왕릉원 6호분 역시 봉분을 발견하고 조사가 이루어진 것이 아
니라 무령왕릉원 6호분에 딸린 배수구(排水溝)가 발견되면서 그 존재가
알려진 고분이다. 그래서 그런지 무령왕릉원 6호분 발견의 결정적인 계
기가 되었던 그 배수구에 대해서도 자세한 설명을 덧붙이고 있다.[33]

　　고분 현실(玄室)내의 습기를 제거하기 위해 구(溝)를 만들었는데, 그것
이 백제 특유의 문양전(文樣塼)으로 축조되었다는 점은 가장 흥미있는 문

---

32)　輕部慈恩, 1934b,「公州に於ける百濟古墳(四)」,『考古學雜誌』24-5, 285~286쪽.
33)　輕部慈恩, 1934b, 위의 논문, 287쪽.

제다. 그 위치는 무령왕릉원 5호분에서 서쪽으로 약 10m 정도 떨어진 인접한 곳에 해당된다. 소화(昭和) 7년 10월 26일 전 백제왕릉의 참관로 공사중 우연히 제32도 1과 같이 규칙적으로 쌓은 20여 개의 벽돌이 출토되었다. 처음에는 어떠한 목적으로 축조한 것인지 판단할 수 없었으나, 벽돌을 제거하기 위해 파냈더니 6~7m에 이르기까지 끝나지 않고 연속적으로 이어졌고, 처음 발견했을 때와 같은 모습으로 규칙적으로 쌓여 있음을 발견하였다… 구(溝)는 12도의 각도로 올라가 현실 바닥으로 이어지는 것으로 보인다… 현실은 발굴되지 않았기 때문에 정확히 알기 어렵지만 아마도 전곽분(塼槨墳)임이 틀림없을 것이다.

이로써 볼 때 무령왕릉원 6호분은 배수구가 발견되지 않았더라면 고분이 있는지조차 몰랐을 가능성도 있다. 지표상에 고분의 존재를 알 수 있는 흔적이 전혀 남아있지 않았기 때문이다.[34] 심지어 배수구가 발견되고 나고서도 고분의 흔적을 지표상에서 찾을 수 없었던 듯하다. 배수구가 전축분(塼築墳)까지 이어질 것으로 추측하면서도 봉분의 흔적에 대해서는 전혀 언급이 없기 때문이다.

결국 1호분구역의 고분들은 지표상에 희미하게나마 봉분의 흔적이 있었던 데 비해, 무령왕릉구역의 5호분이나 6호분은 지표상에 전혀 흔적이 없었던 것을 알 수 있다.

---

34) 輕部慈恩, 1946, 『百濟美術』 寶雲舍, 124쪽.

Ⅲ. 무령왕릉원에 대한 가루베의 해석

지금은 공주가 서울, 부여와 더불어 백제의 고도(古都)중 하나로 되어 있고, 공산성과 무령왕릉원이 세계유산에 등재되어 있지만, 가루베가 공주에 정착하던 1927년까지만 해도 공주에서는 이렇다 할 유적의 조사와 연구가 전무한 상태였다. 사정이 그런 데에는 몇 가지 이유가 있었다. 우선은 공주로 들어오는 교통편이 불편하였다. 아울러 공주가 도읍지로 있던 시기가 64년에 불과하여 연구자의 관심에서 벗어나 있었다. 그래서 공주에 거주하며 백제 유적을 연구할 이렇다 할 연구자가 없었다.[35] 그 결과 1915년에 부여 왕릉원의 2호분·3호분 및 5호분이 조사되었고,[36] 1917년에도 같은 능산리의 1호분·4호분·6호분[37]과 익산 쌍릉이 조사되었지만,[38] 그때까지도 공주에서는 이렇다 할 고분 조사가 이루어지지 않았다. 백제 유적에 대한 조사와 연구는 공주가 백제 고도(古都)라고 하기에 민망할 정도였던 것이다.

이러한 시기에 가루베가 공주에 정착하였다. 원래 가루베가 한국에 맨 처음 건너와 정착한 곳은 평양이었다. 그러다가 공주가 백제의 옛 도읍지였던 만큼 공주에 정착하면 백제 유적을 조사할 기회가 있지 않을까 해서 오게 된 곳이 공주였다. 그리고는 실제로

---

35) 이기성, 2016, 「일제강점기 '古都'의 고적조사」, 『역사와 담론』79, 25~26쪽.
36) 조선총독부, 1915, 『朝鮮古蹟圖譜』3.
37) 조선총독부, 1920, 「부여군」, 『大正6年度古蹟調査報告』, 628쪽.
38) 조선총독부, 1920, 「익산군」, 『大正6年度古蹟調査報告』, 652쪽.

공주 정착 후 그 스스로가 밝혔듯이 1천기가 넘는 백제 고분을 조사하였다.[39]

그럼, 백제 고고학 분야의 제1세대 연구자라고 할 수 있는 가루베는 무령왕릉원의 석실을 어떻게 해서 백제 고분이라고 판단했던 것일까.

1. 백제 왕릉이라는 해석

가루베가 공주에 정착한 것은 1927년 1월, 그의 나이 만 30세 때의 일이다. 어렵게 시작한 공주 생활이지만, 그해 3월에 무령왕릉원의 존재를 알게 되었다. 앞서 소개한 것처럼 동네 아이들을 통해 무령왕릉원 2호분의 존재가 알려지게 되었던 것이다.

애초 가루베가 공주에 정착하게 된 것은 공주가 바로 백제의 '구도(舊都)'라는 사실에 마음이 끌렸기 때문이었는데,[40] 다시 말해서 공주에 가면 백제 유적을 조사·연구할 수 있지 않을까 하는 막연한 기대감 때문이었다. 그래서 그런지 무령왕릉원 2호분이 알려진 다음에 그 주변지역을 자세히 관찰하였고, 그 결과 2호분 곁에 있는 1호분·3호분·4호분도 확인할 수 있게 되었다. 무령왕릉원 1호분구역의 1~4호분을 모두 확인하게 된 셈이다.

---

39) 가루베의 공주 정착 과정 및 그 이후의 연구 편력에 대해서는 다음에 잘 정리되어 있다. 윤용혁, 2009, 「輕部慈恩의 백제유적 조사 편력」, 『百濟文化』46 ; 2010, 『輕部慈恩의 백제유적 연구』, 서경문화사.
40) 輕部慈恩, 「百濟と私」, 『駿豆地方の古代文化』, 144쪽.

그럼, 이렇게 해서 확인된 무령왕릉원 1~4호분을 어떻게 해서 백제 고분으로 판단하게 된 것일까.

가루베는 무령왕릉원 1~4호분을 포함하여 공주에서 발견된 고분을 '백제 고분'이라 불렀는데, 그가 말한 백제 고분이란 웅진기의 고분, 사비기의 고분, 그리고 백제 고분의 형식을 계승한 통일신라기의 고분까지도 포함한 개념이었다.[41] 아울러 출토유물이 확실히 백제계로 볼 수 있는 경우, 특히 백제 토기로 판단되는 토기가 출토된 고분을 '백제 고분'이라 한다고 정의하고 있다.[42]

그런데 무령왕릉원 1~4호분이 발견될 때만 하더라도 이 1~4호분을 백제 고분이라 판단한 가장 중요한 근거는 『신증동국여지승람(新增東國輿地勝覽)』에 나와 있는 다음과 같은 기록이었다.

A. 향교(鄕校)는 주(州) 서쪽 3리(里)에 있다. 서쪽에 옛 능이 있는데, 백제의 왕릉이라 전하나 어느 왕인지는 알 수 없다.[43]

여기에서 보면 조선 전기까지만 해도 공주에는 향교 서쪽 3리 지점에 백제 왕릉이라고 전하는 고분이 있었음을 알 수 있다. 여기서 말하는 향교 서쪽 3리는 곧 무령왕릉원을 가리킨다. 무령왕릉원이 곧 백제 왕릉군이 되는 셈이다. 가루베가 무령왕릉원 1~4호분을

---

41) 輕部慈恩, 1933a, 「公州に於ける百濟古墳(一)」, 『考古學雜誌』23-7, 434쪽.
42) 輕部慈恩, 1933a, 위의 논문, 434쪽.
43) 『新增東國輿地勝覽』 권17, 「公州牧」, 學校條, "鄕校 在州西三里 西有古陵基 諺傳百濟 王陵 味知何王"

백제 고분, 그 중에서도 웅진기 백제 왕릉으로 꼽은 것도 그 때문이다.[44]

그는 무령왕릉원의 1호분구역을 자세히 관찰한 다음 사신사상(四神思想)에 입각해 고분군을 조성했다고 판단하였다. 그래서 1~4호분의 북쪽에 자리하고 있던 인공 시설물을 현무에 해당되는 인공 조산이라고 보았다.[45] 〈그림 2〉에서 보면 실제로 1호분 북쪽의 방단적 석유구를 '현무(玄武)'라고 표기하고 있다. 이렇게 되면 현무의 바로 남쪽에 자리한 1호분이 가장 먼저 축조한 것이 되고, 이어서 2호분, 3호분, 4호분의 순서로 축조한 것이 된다. 점차 현무에서 멀어지기 때문이다.

실제로 가루베는 이러한 순서로 무령왕릉원 1~4호분이 축조되었을 것으로 믿었다. 가루베가 무령왕릉원 1호분을 개로왕의 무덤으로 추정한 것도 그 때문이다.[46] 다시 말해서 무령왕릉원에는 웅진기에 재위했던 문주왕, 삼근왕, 동성왕, 무령왕의 무덤이 모두 자리하고 있을 것으로 생각하였고, 한성기 마지막 왕이었던 개로왕 역시 형식적으로나마 공주에 그 무덤을 만들 필요가 있었을 것이라 보았다. 그런 입장에서 1호분을 개로왕의 무덤, 그리고 5호분을 무령왕릉으로 판단하였던 것이다.[47]

무령왕릉원 6호분이 조사되고 난 다음에는 견해를 수정하여 6호

44) 輕部慈恩, 1934a, 「公州に於ける百濟古墳(三)」, 『考古學雜誌』24-3, 179~180쪽.

45) 輕部慈恩, 1934a, 위의 논문, 181~182쪽.

46) 輕部慈恩, 1934b, 「公州に於ける百濟古墳(四)」, 『考古學雜誌』24-5, 277쪽.

47) 輕部慈恩, 1934b, 위의 논문, 276~277쪽.

분이 무령왕릉일 가능성이 높다고 하기도 하였지만,[48] 1934년까지만
해도 무령왕릉원 1~5호분이 백제 왕릉일 가능성이 높고, 그렇다면
그 중에서 가장 나중에 축조된 것이 5호분인 만큼 이 5호분이야말
로 무령왕릉일 가능성이 높다고 판단하였다. 이로써 적어도 무령왕
릉원 1~4호분이 백제 고분임은 확실해진 셈이다.

2. 낙랑과 고구려의 영향을 받은 고분이라는 해석

가루베가 공주 일대의 고분을 조사·연구하던 1920년대까지만 해
도 백제 고분이라고 하면 부여 왕릉원이 조사된 것이 거의 전부라고
해도 과언이 아니다. 부여 왕릉원의 고분을 관찰한 가루베는 부여
왕릉원의 특징을 다음과 같이 정리하였다.[49]

첫째, 현실(玄室)의 평면형태가 장방형을 하고 있고, 벽면 및 천정
석을 주로 물갈이한 화강석, 혹은 대리석의 판석을 사용하여 구축하
였다. 둘째, 남벽 중앙이나 동벽에 치우쳐 세장(細長)한 연도가 달려
있으며, 현실(玄室) 입구와 연도 입구를 역시 판석으로 폐쇄하였다.
셋째, 장방형의 현실 좌우벽의 위쪽에는 경사지게 고임돌을 얹어 그
위에 오는 천정석을 받게 하였다.

이렇게 사비기 백제 횡혈식 석실은 판석을 이용하여 현실(玄室)을
축조한 것이 특징인데, 이 외에도 크고 작은 절석(切石)으로 쌓아

---

48) 輕部慈恩, 1946, 『百濟美術』, 寶雲舍, 125~126쪽.
49) 輕部慈恩, 1930, 「樂浪の影響を受けた百濟の古墳と塼」, 『考古學雜誌』 20-5, 44~45쪽.

올리되 좌우의 벽면을 위로 올라가면서 안으로 내경(內傾)시켜 통형(筒形)의 석실을 만든 것도 있다고 보았다. 이러한 석실은 마치 판석으로 축조한 고임식 석실과 같이 동벽과 서벽의 벽면이 위로 올라가면서 안으로 좁아지고 있어 고임식과 같은 효과를 내고 있다는 것이다.

결국 부여 왕릉원으로 대표되는 사비기 백제 횡혈식 석실은 완전히 백제 독자의 것으로서 신라나 고구려, 낙랑의 고분과는 전혀 그 양식을 달리하는 것이라고 결론을 내리고 있다.[50]

무령왕릉원의 횡혈식 석실은 이러한 부여 왕릉원의 석실과는 확연한 차이가 있다. 그러한 차이를 가루베는 다음과 같이 정리하였다.[51]

첫째, 무령왕릉원의 무덤은 송산(宋山)의 남사면에 자리하고 있으며, 비바람으로 봉분이 붕괴되기는 하였지만, 직경 6m 정도의 원분(圓墳)이 약간 두두룩한 정도의 봉분을 갖고 있다. 둘째, 현실(玄室)은 남북방향이 약간 길기는 하지만, 거의 방형에 가깝다. 셋째, 벽면은 벽돌 형태로 가공한 석재를 이용하여 축조하였는데, 벽면은 1.5m 정도까지는 수직으로 쌓아올린 다음 그 위를 안으로 둥글게 축조하여 궁륭상 천정을 이루었다. 넷째, 벽면에는 두껍게 회칠을 하였다. 다섯째, 벽면은 일직선으로 이어지는 것이 아니라 밖으로 약간 호형(弧形)을 이루면서 장동(張胴)의 형태를 하고 있다. 여섯째, 남벽에는 동쪽에 치우쳐 연도가 개설되어 있고, 연도 입구를 할석(割石)으로 폐

---

50) 輕部慈恩, 1930, 위의 논문, 45쪽.
51) 輕部慈恩, 1930, 위의 논문, 46쪽.

쇄하였다. 일곱째, 현실과 연도의 바닥은 강돌을 깔았으며, 그 아래에는 다시 40~50㎝ 크기의 판석이 나란히 깔려있다.

무령왕릉원의 횡혈식 석실이 갖고 있는 이러한 특징은 확실히 부여 왕릉원의 석실과는 차이가 있는 것인데, 가루베는 이러한 무령왕릉원의 특징이야말로 낙랑 고분, 혹은 고구려의 횡혈식 석실과 관련이 있다고 보았다.

예컨대, 현실(玄室)의 평면형태가 방형으로 되어 있고, 천정이 궁륭상을 이루고 있는 점, 그리고 벽면이 토압을 이기기 위하여 장동(張胴)의 형태로 되어 있는 것은 바로 낙랑 전곽(塼槨)의 영향이라고 보았다.[52] 아울러 벽돌이 아닌 벽돌 모양의 석재로 무덤을 만든 것이라든가 벽면에 회칠을 한 것, 그리고 남벽의 동쪽에 치우쳐 연도를 개설한 것, 그리고 연도의 천정이 터널처럼 곡선으로 되어 있는 것이 아니라 직선으로 되어 있는 것은 낙랑 전곽(塼槨)과 다른 것인데, 그 대신 이것은 곧 고구려고분과 흡사하다고 보았다.

결론적으로 무령왕릉원의 석실은 낙랑의 전곽(塼槨)과 깊은 관련을 가지면서 거기에 고구려의 영향도 엿보인다고 최종적으로 정리하였다.[53] 가루베가 무령왕릉원의 석실을 백제 고분이라 판단한 것은 이 때문이다. 다시 말해서 낙랑 전곽(塼槨)의 영향을 느낄 수 있는 석실이라는 점에서 그것이 보이지 않는 부여 왕릉원의 석실보다 이른 시기의 것이라고 판단했던 것이다.

---

52) 輕部慈恩, 1930, 위의 논문, 47~48쪽.
53) 輕部慈恩, 1930,「樂浪の影響を受けた百濟の古墳と塼」,『考古學雜誌』20-5, 48쪽.

IV. 가루베의 해석에 대한 검토

일반적으로 무령왕릉원 1~4호분을 포함한 무령왕릉원의 무덤은 웅진기를 대표하는 백제 고분으로 알려져 있다.[54] 무령왕릉이 자리하고 있는 데다가 무령왕릉원 1호분의 북쪽에 있는 방단유구가 적석총, 그것도 개로왕의 허묘라는 주장이 제기되면서[55] 한성기에서 웅진 초기까지는 적석총, 그리고 무령왕릉원 1호분 단계부터는 횡혈식 석실이 주 묘제가 되었다는 인식이 자리잡게 되었다.

이렇게 무령왕릉원 1~4호분을 틀림없는 웅진기 백제 고분으로 인식하게 된 데에는 무령왕릉원 방단유구를 적석총으로 이해한 것에 힘입은 바도 있지만, 이 고분을 조사한 이래 총독부 박물관과 가루베가 이 고분을 백제 웅진기의 고분이라고 주장한 것 또한 중요한 계기가 된 것이 아닌가 한다. 방단유구에 대해서는 이것이 적석총이 아니라 제단일 가능성이 있다는 견해[56]가 제시되기도 하였지만, 무령왕릉원 1~4호분에 대해서는 별다른 이론이 없었기 때문이다.

그런데 무령왕릉원 1~4호분을 살펴보면 몇 가지 궁금한 사항이 있는 것도 사실이다. 도굴되고 일부만 남아 있는 것이기는 하지만, 1~4호분에서 출토된 유물 중에는 영남지역과 연결될 수 있는 유물

---

54) 조유전, 1991, 「송산리 방단계단형무덤에 대하여」, 『百濟文化』21, 43쪽.
55) 조유전, 1991, 위의 논문, 『百濟文化』21, 56쪽.
56) 서정석, 1995, 「송산리 방단계단형 적석유구에 대한 검토」, 『百濟文化』24, 54쪽.
　　이남석, 2010, 『공주 송산리고분군』 공주대학교 박물관. 167쪽.

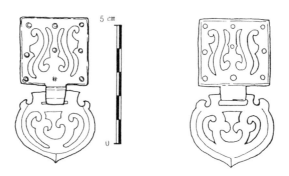

〈그림 4〉 무령왕릉원 구1호분 출토 과판(왼쪽) 및 금관총 출토 과판

이 다수 포함되어 있기 때문이다.[57] 물론 무령왕릉원 구1호분에서 출토된 삼엽문 투조 대금구의 과판 같은 것은 금관총 출토품과 유사하다는 점에서 나제동맹의 산물[58]로 이해할 수도 있다. 다만, 금관총 출토품이 금제(金製)인데 비해 무령왕릉원 출토품은 은제(銀製)라는 차이점이 있을 뿐만 아니라, 무령왕릉원 1~4호분에서 출토된 유물 중 신라와 관련 있는 유물보다는 가야와 관련 있는 유물이 더 많아 표면상으로는 신라보다 가야와 활발한 교류를 가졌다고 볼 수 밖에 없다는 사실이다.[59] 출토 유물에 나타난 이와 같은 특징을 염두에 두고 무령왕릉원 1~4호분이 갖는 유구의 특징을 중심으로 살펴보고자 한다.

---

57) 최종규, 1992, 「濟羅耶의 文物交流」, 『百濟研究』 23, 65~75쪽.
58) 이한상, 2013, 「공주지역 고분 출토 금속공예품의 특징과 함의」, 『百濟文化』 48, 93쪽.
59) 최종규, 1992, 앞의 논문, 74쪽.

1. 무령왕릉원의 조사를 둘러싼 문제

1) 고분 번호와 관련된 문제

앞에서도 설명하였듯이 무령왕릉원이 처음 조사된 것은 1927년이다. 이때 총독부 박물관에 의해 공식적인 발굴조사가 이루어졌는데, 어찌된 영문인지 총독부 박물관에 의한 공식적인 조사가 이루어지고 나서 무령왕릉원은 더 큰 혼란에 빠지고 말았다. 그리고 그러한 혼란은 오늘날까지도 명쾌하게 해결되지 않고 있다.

원래 무령왕릉원이 자리한 송산리 일대에는 약 80기 정도의 고분이 자리하고 있었고, 그 중 대표적인 것이라고 할 수 있는 것만도 20기에 달한다.[60] 그런데 1927년에 처음으로 조사가 이루어질 때만 해도 1호분구역의 고분(1~4호분)만 확인되었지 무령왕릉구역을 비롯한 나머지 고분들은 그 존재를 전혀 알 수 없었다.

문제는 1호분구역에는 현재 4기의 고분만이 정비·복원되어 있지만, 1927년에 총독부 박물관에서 조사를 할 당시에는 〈그림 1〉처럼 5기의 고분이 있었다는 사실이다. 자연히 1호분구역의 고분이 4기인지 5기인지가 궁금하지 않을 수 없다.

또 하나는 고분 번호에 관한 것이다. 즉 총독부 박물관에서는 서쪽에서 동쪽으로 가면서 번호를 부여한 반면에 가루베는 동쪽에서 서쪽으로 가면서 번호를 부여하여 고분의 번호가 서로 다르게 되었다는 사실이다.

---

60) 輕部慈恩, 1933b,「公州に於ける百濟古墳(二)」,『考古學雜誌』23-9, 574~575쪽.

가루베는 본인이 무령왕릉원을 조사한 것처럼 설명하고 있지만, 무령왕릉원 6호분을 발굴할 당시의 가루베의 회고담에 의하면, 발굴 조사가 이루어질 때 그가 총독부 박물관 조사원들과 함께 발굴 현장에 있었던 것은 사실이지만, 조사원 신분이 아니다 보니 직접 조사를 담당하기 보다는 당시의 조사원들이나 무령왕릉원 6호분을 찾아오는 사람을 위해 장어를 굽는 등 조사 보조자의 역할을 했다고 한다.[61]

또한 가루베가 무령왕릉원을 최초로 소개한 글에 의하면,[62] 무령왕릉원 2호분을 단순히 '우측(동쪽)에서 두 번째' 고분으로 표기하고 있다. 이는 4년 뒤에 발표한 논문[63]에서 무령왕릉원 2호분이라고 명확하게 밝히고 있는 것과 대조되는 것으로, 1930년까지만 해도 고분의 번호를 붙이는 것을 잘 몰랐던 것이 아닌가 한다. 적어도 1930년까지는 가루베 스스로도 무령왕릉원의 고분 번호를 아직 확정하지 못했던 것을 알 수 있다.

더구나 1927년에 총독부 박물관에 의해 무령왕릉원의 구1호분, 구2호분, 구5호분이 조사된 것을 설명하면서 '총독부 박물관의 오가와(小川敬吉)씨에 의하면 모두가 이 고분과 형식이 같은 것으로…'라고 하여 총독부 박물관이 조사한 것을 실제로는 보지 못했고, 그 내용도 자세히 알지 못하고 있었음을 고백하고 있다.[64]

---

61) 윤용혁, 2010, 앞의 책, 83쪽.
62) 輕部慈恩, 1930,「樂浪の影響を受けた百濟の古墳と博」『考古學雜誌』20-5, 44~54쪽.
63) 輕部慈恩, 1934a,「公州に於ける百濟古墳(三)」,『考古學雜誌』24-3, 184~185쪽.
64) 輕部慈恩, 1930, 앞의 논문, 49쪽.

이렇게 같이 조사를 했다기보다는 조사 보조자의 역할에 한정되어 있었기 때문에 총독부 박물관에서 고분의 번호를 어떻게 붙였는지 알지 못했던 가루베는 자신만의 번호를 임의로 부여하게 되었고, 그 결과 오늘날과 같이 서로 다른 두 개의 번호가 생겨나게 되었다.

두 번째 문제는 고분의 수가 서로 다르다는 사실이다. 1927년에 공식적으로 무령왕릉원을 조사한 총독부 박물관에서는 1~5호분 등 5기의 고분이 있는 것으로 이해한 반면, 가루베는 1~4호분의 4기만 있는 것으로 이해하였다. 그것은 고분의 분포도를 보면 명확히 알 수 있다. 〈그림 1〉에서 보면 총독부박물관에서는 1호분구역에 분명 5기의 고분이 자리하고 있는 것으로 인식하였다. 반면에 가루베가 제시한 〈그림 2〉의 무령왕릉원 분포도에 의하면 1~4호분의 4기만 표시되어 있는 것을 볼 수 있다.

이러한 차이가 어떻게 해서 빚어진 것인지는 잘 알 수 없다. 다만 총독부 박물관에서 보고한 구1~5호분의 분포도를 보면 구4호분은 다른 고분에 비해 규모가 작게 표시되어 있는 것을 알 수 있다. 따라서 이 고분은 애초부터 파괴되어 있었거나 아니면 실제로 구5호분처럼 규모가 작아서 지표상에 흔적이 뚜렷하지 않았을 가능성이 높아 보인다. 지표상에 흔적이 뚜렷하지 않다보니 경험 많았던 총독부 박물관의 조사원들에게는 이것이 고분으로 인지되었을지 모르지만, 상대적으로 유적을 조사한 경험이 적었던 가루베의 눈에는 고분으로 비춰지지 않았던 것이 아닌가 한다.[65]

---

65) 그런 점에서 총독부 박물관에서 4호분으로 명명한 고분에 대해서는 재조사가 필요해

현재 1호분구역에는 1~4호분이라 부르는 4기의 고분만이 정비·복원되어 있다. 총독부 박물관의 의견보다 가루베의 의견이 반영되어 정비·복원이 이루어졌음을 알 수 있다. 고분의 번호 역시 가루베가 붙인 번호가 그대로 통용되고 있다.

무령왕릉원이 처음으로 발견된 1927년만 해도 가루베는 백제 고분에 대한 조사 경험이 전무 했었다. 1927년 1월에 공주에 왔는데, 그해 3월에 무령왕릉원이 알려진 만큼 어찌보면 당연한 결과였는지도 모르겠다.

그런데 무령왕릉원이 총독부 박물관에 의해 조사된 이후 가루베는 공주지역에서 백제 고분을 정력적으로 조사하였다. 그가 공주에서 백제 고분을 조사한 사례를 연도별로 보면 1927년에 5기였던 것이 28년에 11기, 29년에 2기, 30년에 18기, 31년에 97기 등으로 나타난다.[66] 총독부 박물관이 다녀간 이후 조사가 급증하였음을 알 수 있다. 1927년 무령왕릉원 조사 당시 조사원으로 참가하지는 못했다 할지라도 조사하는 모습을 곁에서 지켜보았을 터이고, 그러한 경험(?)을 바탕으로 백제 고분 조사에 집중한 결과가 아닌가 한다. 특히 1930년과 31년에 집중적인 조사가 이루어진 만큼 적어도 32년에 무령왕릉원을 정비·복원할 때에는 공주지역에서 나름대로 백제 고분 '전문가'로 알려져 있었을 것이다. 예를 들어 무령왕릉원 3호분의 경우 1927년 10월에 총독부 박물관에서 조사한 이후 1930년 6월에 충

보인다. 적어도 이것이 고분인지 아닌지를 분명히 할 필요가 있기 때문이다.

66) 윤용혁, 2006, 「가루베 지온의 백제고분 조사와 유물의 문제」, 『韓國史學報』25 ; 2010, 앞의 책, 63쪽.

남 경찰부의 의뢰로 가루베가 재차 조사하였다고 한다.[67] 이로써 볼 때 1930년에는 가루베가 공주지역에서 '전문가'로 알려져 있었음을 짐작해 볼 수 있다. 그래서 무령왕릉원을 정식으로 조사한 총독부 박물관의 의견이 아닌 가루베의 의견대로 정비·복원이 이루어진 것이 아닌가 한다.

2) 고분 발견과 관련된 문제

앞에서도 설명하였듯이 가루베는 1927년에 공주에 정착한 이후 무령왕릉원을 비롯하여 교촌리 고분군, 보통골 고분군, 주미리 고분군, 금학리 고분군 등을 조사하고, 그것을 바탕으로 백제 고분의 입지와 구조, 형식, 그리고 당시 피장자의 신분과 고분과의 관계 등을 밝혀놓음으로써 무령왕릉원의 무덤이 모두 백제 고분임을 선언하였다.[68]

그런데 사실 가루베가 공주에 있는 고분의 축조 시기를 판단하기에는 많은 어려움이 있었다. 무엇보다도 가루베가 활약하던 1930년대 초까지만 하더라도 백제 횡혈식 석실 중 조사된 사례가 극히 일부에 불과하여 백제 횡혈식 석실의 특징이나 변천 과정을 이해하기가 쉽지 않았다. 1915년과 17년에 부여 왕릉원과 익산 쌍릉이 조사된 것이 전부였다고 해도 과언이 아니다.[69] 따라서 가루베가 공주지

---

67) 輕部慈恩, 1934a, 「公州に於ける百濟古墳(三)」, 『考古學雜誌』24-3, 188쪽.
68) 輕部慈恩, 1933a, 「公州に於ける百濟古墳(一)」, 『考古學雜誌』23-7, 431~438쪽.
69) 조선총독부, 1915, 「朝鮮古蹟圖譜」 3.
　　조선총독부, 1920, 『大正6年度古蹟調査報告』.

역의 1,000여 기에 이르는 고분을 조사했다고 하더라도 그 각각의 축조 시기를 판단하기는 쉽지 않았다. 더구나 부여 왕릉원과 익산 쌍릉은 사비기에 축조한 것이어서 웅진기 백제 횡혈식 석실과는 많은 차이가 있었다.

그것은 무령왕릉원에 대한 발굴 조사를 담당한 총독부 박물관 역시 마찬가지였다.[70] 총독부 박물관에서 1935년에 발간한 『소화(昭和) 2년도 고적조사 보고서』의 무령왕릉원에 대한 조사 내용을 보면, 보고서 말미에 서울 석촌동 6·7호분 및 부여지역의 석실 고분과 함께 신라 무덤이 분명한 중곡동 고분군, 가락리 2호석실분, 그리고 경기도 여주 매룡리 석실분이 함께 들어있다. 신라 고분과 백제 고분이 함께 들어 있는 것을 보면 아직 백제 횡혈식 석실과 신라 횡혈식 석실을 구별하지 못하던 시기였음을 짐작해 볼 수 있다.

물론 도굴된 고분이라 하더라도 무덤 안에서 얼마 간의 유물은 출토되었지만, 유물에 대한 연구도 거의 이루어지지 않았던 시기여서 유물을 가지고 축조 시기를 판단하는 것 역시 시기상조이기는 마찬가지였다.

사정이 이렇다보니 고분의 축조 시기를 판단하는 데에는 고분이 자리하고 있는 위치가 백제 고지(故地)인가 아닌가가 가장 중요한 판단 기준이 되었던 것이 아닌가 한다. 무령왕릉원 역시 마찬가지였다.

물론 가루베가 현재의 무령왕릉원 1~4호분을 백제 고분이라 판단

---

70) 조선총독부, 1935, 『昭和2年度古蹟調査報告』

한 데에는 몇 가지 이유가 있다. 그중 하나가 입지조건이다. 다시 말해서 가루베는 백제의 고분이야말로 신라나 낙랑과 달리 평지에 고분을 축조한 사례는 전혀 없고, 반드시 구릉의 경사면, 혹은 산복(山腹)을 선택해서 축조하였다고 보았다.[71] 그런 점에서 송산(宋山)의 남사면에 자리한 무령왕릉원 1~4호분은 백제 고분임에 틀림없다는 것이다.

백제의 횡혈식 석실이 고구려나 신라와 달리 남사면에 자리한다는 것은 적절한 지적이라고 생각한다.[72] 그런 점에서 구릉의 정상부에 자리하고 있는 가락동 4~6호분이나 방이동의 고분은 백제 고분과 차이가 있음을 금방 알 수 있다.

문제는 왜 백제의 석실묘만이 구릉 사면에 자리하는가 하는 점이다. 그것은 석실을 지하식으로 축조하기 위해서라고 할 수 있다.[73] 어찌보면 사면에 자리하는 것은 이러한 지하식의 석실 구조를 만들기 위한 방편일 수 있다. 다시 말해서 사면에 자리한다 하더라도 지하식으로 축조된 것이 아니라면 백제 횡혈식 석실이 아닐 가능성이 크다는 뜻이다. 그런 점에서 무령왕릉원 1호분구역의 고분을 다시

---

71) 輕部慈恩, 1946, 『百濟美術』, 寶雲舍, 112쪽.

72) 안승주, 1975, 「百濟古墳의 硏究」, 『百濟文化』 7·8합집, 84~85쪽.
　　강인구, 1977, 『백제고분연구』, 일지사, 13쪽.
　　이남석, 1992, 「백제 횡혈식 석실분의 구조형식 연구」, 『百濟文化』 22, 75쪽.
　　최병현, 1997, 「서울 江南地域 石室墳의 性格」, 『崇實史學』 10, 102쪽.

73) 강인구, 1977, 앞의 책, 45~47쪽.
　　이남석, 1995, 『백제석실분연구』, 학연문화사, 173~175쪽.
　　최병현, 1997, 「서울 江南地域 石室墳의 性格」, 『崇實史學』 10, 102~103쪽.

한번 눈여겨 보아야 하지 않을까 한다. 무령왕릉구역의 고분과는 발견 경위부터가 다르기 때문이다.

가령 무령왕릉구역의 5호분이나 6호분, 29호분은 모두가 도로를 개설하는 과정에서 우연히 발견된 것이다. 석실이 확인되기 전까지는 지표상에 이렇다 할 흔적이 남아 있지 않았다는 뜻이 될 것이다. 그에 비해 1호분구역의 고분들은 나지막하게나마 지표상에 봉분의 흔적이 남아 있었다. 그래서 1호분구역에 자리한 고분이 4기인지, 혹은 5기인지의 논란은 있을 수 있어도 적어도 4~5기의 고분이 자리하고 있는 것을 금방 알 수 있었다. 예컨대 〈그림 5〉에서 보면 나지막하게나마 봉분의 흔적을 확인할 수 있다. 실제로 1호분과 2호분은 직경 10m 정도의 원형 분구가 있었다고 한다.[74]

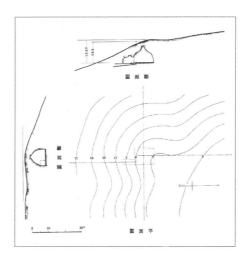

〈그림 5〉 무령왕릉원 4호분(구1호분) 분구도(墳丘圖)

---

74) 輕部慈恩, 1934a, 「公州に於ける百濟古墳(三)」, 『考古學雜誌』24-3, 183~184쪽.

이렇게 무령왕릉원 1호분구역의 고분과 무령왕릉구역의 고분은 약간의 차이가 있다. 물론 이것이 발굴조사를 통해 확인된 것이 아니기 때문에 좀 더 정확한 것은 앞으로 이루어질 발굴조사를 기다릴 수밖에 없다. 그런 점에서 조속한 시일내에 무령왕릉원 일대에 자리하고 있는 고분에 대한 재조사가 이루어져 이러한 부분들에 대한 궁금증이 해소되기를 기대한다.

3) 축조 방식과 관련된 문제

1호분구역의 고분과 무령왕릉구역의 고분은 벽면을 축조하는 방식에서도 차이가 느껴진다. 앞에서 설명한 것처럼 1~4호분은 모두가 벽면이 밖으로 호형(弧形)을 이루는 동장(胴張)의 형태를 하고 있다. 그에 비해 5호분이나 29호분은 벽면이 직선을 이루고 있어 차이를 보인다. 이렇게 벽면이 동장(胴張)의 형태를 하고 있는 석실분은 세종시의 한솔동 고분군과 경기도 하남시 감일동 고분군이 있다.

이른바 배총(陪塚)이 있는 것도 차이점이다. 1호분구역에는 1호분 남쪽에 7호분이, 그리고 4호분 남쪽에 8호분이 각각 배총으로 자리하고 있다.[75] 7호분과 8호분이 배총(陪塚)인지 어떤지는 정확히 알 수 없지만, 이로써 1호분구역에는 횡혈식 석실 이외에 또 다른 묘제가 혼재하고 있는 것만은 분명해 졌다.[76]

---

75) 輕部慈恩, 1934d, 「公州に於ける百濟古墳(六)」, 『考古學雜誌』 24-9, 563~575쪽.
76) 종래에 무령왕릉원 7호분과 8호분을 수혈식 석곽으로 이해해 왔지만, 가루베의 설명을 자세히 살펴보면 등고선과 직교하는 형태로 장축의 방향이 놓여져 있는 것을 알 수 있다. 그런 점에서 7·8호분이 과연 수혈식 석곽인지도 재조사를 통해 밝힐 필요

이렇게 1호분구역에 횡혈식과 수혈식(?) 등 서로 다른 묘제가 혼재되어 있는데 비해 무령왕릉구역은 횡혈식 고분으로만 되어 있다. 백제 횡혈식 고분군은 횡혈식으로만 되어 있고, 다른 묘제와 혼재되는 경우가 거의 없다.[77] 그런 점에서 1호분구역의 묘제는 전형적인 백제 횡혈식 석실 고분군과는 차이가 있는 셈이다.

현실 바닥면을 처리하는 방식에도 1호분구역과 무령왕릉구역은 차이가 있다. 1~4호분의 경우, 현실(玄室) 바닥면에 자갈돌이 깔려 있고, 그 아래쪽으로 다시 40~50cm 정도의 판석이 깔려 있다. 이때 판석이 바닥면 전체에 깔려 있는 것인지, 아니면 벽면을 따라서 일부에만 깔려 있는 것인지는 불분명한데, 자갈돌 아래에 판석이 있는 것만은 인정된다.

그런데 방이동 6호분의 경우 바닥면 처리가 이렇게 되어 있다. 다시 말해서 자갈돌 아래에 판석이 깔려 있는 형태이다.[78] 방이동 4호분은 자갈돌 아래에 판석이 있고, 다시 그 판석 아래에 자갈이 또 있었던 것으로 전한다.[79]

이렇게 무령왕릉원의 고분은 1호분구역의 고분과 무령왕릉구역의 고분이 얼마간 차이가 있는 것이 사실이다. 그럼에도 가루베가 양자를 다 같은 하나의 고분이라고 동일시한 것은 좀 성급한 판단이었던

가 있다.

77) 최병현, 1997, 앞의 논문, 101쪽.

78) 잠실지구유적발굴조사단, 1978, 「잠실지구유적발굴조사보고」, 『韓國考古學報』 4, 16~17쪽.

79) 잠실지구유적발굴조사단, 1978, 위의 보고서, 12쪽.

것이 아닐까 한다.

2. 무령왕릉원이 백제 왕릉 이라는 해석

앞에서도 살펴보았듯이 가루베는 무령왕릉원 1~4호분을 백제 고분, 그 중에서도 웅진기 백제 왕릉일 것으로 생각하였다. 그것은 〈사료 A〉에서 말하는 향교 서쪽에 있었다는 왕릉을 무령왕릉원으로 보았기 때문인데, 무령왕릉원의 고분 중 처음 알려진 것이 1~4호분 이었던 만큼 〈사료 A〉에서 말하는 왕릉을 1~4호분으로 보았던 것이다. 그래서 무령왕릉원 1~4호분 중에서 가장 먼저 축조된 것이 1호분이고, 그런 점에서 1호분이야말로 백제 개로왕의 무덤이 아닐까 하고 추측하기도 하였다.[80]

〈사료 A〉에서 말하는 왕릉이 그 위치나 방향으로 볼 때 현재의 무령왕릉원을 가리키는 것이 틀림없지만, 문제는 무령왕릉원을 구성하고 있는 무덤 전체를 가리키는 것인지, 아니면 그중 일부만을 말하는 것인지가 관건이다. 그런 점에서 다음과 같은 『신증동국여지승람』의 기록이 주목된다.

B. 능현(陵峴)은 주 동쪽 5리(里)에 옛 능터가 있기 때문에 이름한 것인데, 속설에 백제 왕릉 이라 전해 온다.[81]

---

80) 輕部慈恩, 1934b, 「公州に於ける百濟古墳(四)」, 『考古學雜誌』24-5, 277쪽.

81) 『新增東國輿地勝覽』 권 17, 「公州牧」, 山川條. "陵峴 在州東五里 有古陵基故名 諺傳百濟王陵"

여기에서 보면 공주에는 지금의 무령왕릉원 이외에 왕릉이 한 군데 더 있었음을 알 수 있다. 아울러 그 지명이 능현(陵峴)인 것으로 보아 원래 웅진기의 왕릉은 이곳에 모여 있었음을 알 수 있다. 천도 초기부터 왕릉이 자리했던 곳은 능현이었다고 생각된다. 그래서 지명도 능현이었을 것이다. 원래대로라면 무령왕 역시 이 능현에 묻히는 것이 맞는데, 무령왕은 이 능현에서 독립해서 자신만의 전용 묘역을 무령왕릉원에 설정했던 것이다.

신라의 경우에도 법흥왕 이후 종래의 집단 묘역에서 독립해서 특정 지역에 왕릉을 조성함으로써 왕이 이제 초월자적 위치가 되었음을 대외적으로 과시하는 단계가 있다고 한다.[82] 백제로 보면 무령왕릉이 조성되는 시기가 바로 그 시기가 아닌가 한다.

무령왕이 즉위하면서 왕권을 강화하고, 그 과정에서 골족의식(骨族意識)을 강화하였다는 것은 이미 오래 전부터 지적되어 오던 사실인데,[83] 그러한 골족의식(骨族意識)이 성왕대에까지 이어져 마침내 시호제(諡號制)가 실시된다든지,[84] 무령왕·성왕 이후 이른바 불교식 왕호시대[85]가

82) 주보돈, 2012, 「삼국기 신라의 (陵)墓碑에 대한 약간의 논의」, 『복현사림』 30, 35 ~41쪽.
83) 양기석, 1991, 「百濟史上의 武寧王」, 『百濟武寧王陵』, 공주대 백제문화연구소, 44 ~45쪽.
   노중국, 2008, 「백제의 骨族의식과 골족 範圍」, 『韓國古代史研究』 50, 207~209쪽.
   김수태, 2008, 「백제의 사비천도와 불교」, 『定林寺, 역사문화적 가치와 연구현황』, 33쪽.
84) 양기석, 1991, 「百濟 聖王代의 政治改革과 그 性格」, 『韓國古代史研究』 4, 93쪽.
85) 조경철, 2006, 「동아시아 불교식 왕호 비교」, 『韓國古代史研究』 43, 21~24쪽.

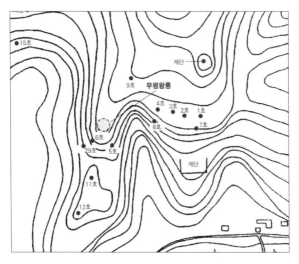

〈그림 6〉 무령왕릉원 고분 분포도[87]

열리게 된다. 무령왕대 이후 신분제가 강화된 셈이다.[86]

　무령왕대는 바로 이렇게 그 이전과 달리 왕이 다른 귀족과 구별되는 배타적인 우월의식을 강조하던 시기였다. 그렇기 때문에 종래의 집단 묘역에서 벗어나 무령왕릉·5호분·6호분·29호분으로 이루어진 자신의 직계 비속(卑屬)만의 전용 묘역을 조성했던 것이 아닌가 한다.[88] 그렇게 되면 〈사료 A〉에서 말하는 왕릉은 어쩌면 무령왕릉만을 말하는 것일 수도 있다는 생각이다.

---

86) 정재윤, 1999,『熊津時代 百濟 政治史의 展開와 그 特徵』, 서강대박사학위논문, 142~146쪽.
87) 국립공주박물관, 2012,『宋山里古墳群基礎資料集』(해설), 57쪽.
88) 서정석, 2019,「百濟 大通寺의 위치에 대한 試考」,『百濟文化』60, 37~41쪽.
　　김태식, 2009,「백제 무령왕릉의 '등관대묘'재고」,『CHINA연구』7, 부산대학교 중국연구소.

V. 맺음말

공주 무령왕릉원은 백제 웅진기의 대표적인 왕릉군으로 알려져 있다. 그러한 무령왕릉원은 1~4호분을 중심으로 한 구역과 무령왕릉을 중심으로 한 구역으로 구별된다. 1~4호분을 중심으로 한 구역에는 1~4호분 이외에 7호분과 8호분이 자리하고 있고, 무령왕릉을 중심으로 구역은 무령왕릉을 비롯하여 5호분·6호분·29호분 등이 자리하고 있다.

이러한 무령왕릉원 중 맨 먼저 발견된 것이 1~4호분이다. 1927년의 일이다. 해빙기에 석실의 천정과 벽면이 붕괴되면서 알려지게 되었는데, 고분을 접한 가루베는 곧바로 백제 웅진기의 왕릉으로 이해하였다. 가루베가 1~4호분을 왕릉으로 이해한 것은 '향교 서쪽에 백제 왕릉이 있다'는『신증동국여지승람』의 기록에 주목했기 때문이다.

그런데 같은『신증동국여지승람』에는 '능현(陵峴)'에 대한 기록도 있다. 이러한 '능현'과 '향교 서쪽에 있는 왕릉'에 대한 기록을 종합해 볼 때 원래 웅진기 역대 백제 왕릉은 능현에 자리하고 있었는데, 무령왕 때에 이르러 이러한 집단 묘역에서 벗어나 독립된 전용 묘역을 조성한 것으로 생각된다. 무령왕이 이렇게 독립된 전용 묘역을 조성한 것은 다른 귀족과의 차별화를 시도한 결과라고 볼 수 있다. 그런 점에서 향교 서쪽에 있었다는 왕릉은 무령왕릉을 가리킬 가능성이 높다.

한편, 가루베는 무령왕릉원 1~4호분이 벽돌 모양의 석재로 축조하고, 천정이 궁륭상을 이루고 있으며, 벽면에 회칠이 이루어진 것으로 보아 낙랑 전축분과 고구려 석실분의 영향을 받은 것으로 이해하였다. 무령왕릉원 1~4호분을 웅진기로 파악한 것도 그 때문이다. 낙랑과 고구려의 영향을 받았으면서도 사비기의 석실과는 뚜렷이 구별되는 만큼 웅진기로 볼 수 밖에 없다는 것이다.

그런데 석실 구조에 대한 가루베의 설명이나 석실내에서 출토된 유물을 보면 몇 가지 궁금한 점이 있는 것도 사실이다. 무엇보다도 석실이 완전 지하식이 아닌 반지하식의 구조를 하고 있을 가능성이 큰 만큼 앞으로 이 부분에 대한 세밀한 검토를 필요로 한다. 백제 횡혈식 석실은 완전 지하식을 특징으로 하고 있기 때문이다. 아울러 출토유물에 있어서도 영남지역과 교류를 보여주는 것이 적지 않아 백제와 신라, 그리고 백제와 가야간의 문물교류를 다시 생각하게 해주고 있다.*

* 이 논문은 서정석, 2019, 「輕部慈恩의 공주 송산리 고분군에 대한 인식 연구」, 『호서고고학』43, 호서고고학회를 수정한 것이다.

3장 공주 교촌리 벽돌무덤에 대한 인식

I. 머리말

공주 교촌리 고분군은 공주시 교동에 자리하고 있는 백제 웅진기 고분군이다. 무령왕릉이 자리하고 있는 '공주 무령왕릉과 왕릉원(송산리 고분군의 바뀐 명칭. 이하에서는 '무령왕릉원'으로 약칭)'에서 남쪽으로 약 500m 정도 떨어진 곳에 자리하고 있다. 이렇게 지근거리에 자리하고 있기 때문에 이 두 개의 고분군을 하나의 고분군으로 인식하는 연구자도 있다. 현재는 두 고분 사이에 도로가 개설되어 있어 별개의 고분군처럼 되어 있지만, 두 고분군이 능선으로 연결되어 있는 것은 사실이다.

교촌리 고분군은 교동에 있는 교촌봉의 정상부와 그 남사면에 자리하고 있다. 한 마디로 교촌봉 이라고 하지만, 교촌봉은 남북으로 연결된 두 개의 산봉(山峰)으로 이루어져 있다. 그 중 북쪽에 자리한 북봉은 해발 96m에 이르고, 남봉은 해발 89m에 이르고 있어 북봉이 약간 높은 편이다.

교촌리 고분군이 처음 알려진 것은 1927년이다.[1] 도자기 생산업자

---

1) 輕部慈恩, 1933, 「公州に於ける百濟古墳 (二)」, 『考古學雜誌』23-9, 576쪽, 〈표 B〉. 여

가 교촌봉에서 흙을 채취하는 과정에서 우연히 석실이 노출됨으로써 이곳에 백제 고분이 있다는 사실이 알려지게 되었다.[2] 이때 조사된 석실 무덤은 연도 부분이 이미 파괴되어 정확한 규모는 알 수 없었지만, 공주 신관동 석실고분[3]과 같은 맞배지붕형 석실이었다.

교촌리 고분군이 주목을 받는 것은 이곳에서 벽돌무덤이 조사되었기 때문이다. 가루베에 의하면 1939년에 우연히 벽돌무덤의 배수구를 발견하게 되어 경성박물관에 근무하던 사이토 다다시(齋藤忠)와 함께 조사하였다고 한다.[4]

이로써 교촌리 2호분과 3호분 등 두 기의 벽돌무덤이 학계에 알려지게 되었다. 이렇게 되면 공주에는 무령왕릉과 무령왕릉원 6호분(송산리 6호분) 등 2기의 벽돌무덤만 있는 것이 아니라 교촌리 2호분과 3호분을 합친 모두 4기의 벽돌무덤이 있게 되는 셈이다.

그런데 가루베는 교촌리 2호분과 3호분을 정상적인 벽돌무덤으로 생각하지 않았다. 2호분은 축조하였다가 다른 곳으로 이장한 폐고분(廢古墳)으로 인식했고, 3호분은 축조하다 중도에 포기한 미완성 고분으로 판단하였다. 결국 백제 웅진기에는 무령왕릉 및 무령왕릉원 6

기서 보면 5기의 고분이 자리하고 있는 것을 알 수 있는데, 그 중 교촌리 2호분은 1927년에 발견한 반면, 3호분은 1931년에 발견하였다고 한다. 아울러 교촌리 3호분을 발굴 조사 하는 과정에서 3호분의 배수구 위에 축조된 6호분을 발견하였다(輕部慈恩, 1971, 『百濟遺跡の研究』, 吉川弘文館, 43쪽). 이렇게 되면 모두 6기가 있는 것을 알 수 있는데, 실제로는 약 20여 기의 고분이 있었다고 한다.

2) 朝鮮總督府, 1935, 「公州 宋山里古墳 調査報告」, 『昭和二年度古蹟調査報告』第二冊.
3) 安承周, 1967, 「公州 百濟古墳 樣式의 一例 -長岐面 柿木洞 古墳을 中心으로」, 『百濟文化』1, 공주사대 백제문화연구소, 7~14쪽.
4) 輕部慈恩, 1971, 『百濟遺跡の研究』, 吉川弘文館, 50쪽.

호분 등 두 기의 벽돌무덤만 있는 셈이다. 우리가 지금도 백제 웅진기의 벽돌무덤이 두 기 뿐이라고 생각하는 것도 그 때문이다. 여기에서는 가루베의 교촌리 벽돌무덤에 대한 이러한 인식을 살펴보고, 아울러 웅진기 백제 벽돌무덤에 대해서도 생각해 보고자 한다.

II. 교촌리 벽돌무덤의 현황

교촌리 2호분과 3호분을 학계에 처음으로 소개한 것은 가루베지온이다. 다만 그 각각의 현황을 자세히 남기지는 않았다. 자세히 소개하지 않았을 뿐만 아니라 조사 후 한 동안 시간이 흐른 다음에 학계에 소개하였다.[5] 비록 교촌리 3호분에 대한 조사가 자신이 단독으로 조사한 것이 아니라 총독부 박물관의 사이토 다다시(齊藤忠)에게 연락해서 이루어진 조사이기는 하지만, 조사 후 그 결과를 곧바로 소개하지 않다가 『百濟遺跡の研究』에서 처음으로 소개한 것이다. 이는 분명 그 이전의 행보와 차이가 있는 것이다. 무령왕릉원 1~4호분의 존재를 알고 나서는 총독부 박물관의 정식 보고서가 나오기도 전에 자신이 먼저 그 내용을 학계에 발표하였고,[6] 그 때문에 서로 다

---

5) 輕部慈恩, 1952, 「百濟古墳築造の地理的條件とその構築順序」, 『日本大學三島敎養部研究年報』 1 ; 1971, 『百濟遺跡の硏究』, 吉川弘文館

6) 輕部慈恩, 1930, 「樂浪の影響を受けた百濟の古墳と塼」, 『考古學雜誌』 20-5.
　輕部慈恩, 1933, 「公州に於ける百濟古墳 (一)」, 『考古學雜誌』 23-7.
　輕部慈恩, 1933, 「公州に於ける百濟古墳 (二)」, 『考古學雜誌』 23-9.

른 번호가 부여됨으로써 지금까지도 혼란을 야기하고 있는 것은 다 아는 사실이다.[7] 그랬던 그가 교촌리 고분에 대해서 만큼은 조사 후 곧바로 학계에 보고하지 않았던 것이다.[8]

이렇게 교촌리의 벽돌무덤은 그 중요성에도 불구하고, 자세한 내용이 전해지지 않는다. 가루베도 교촌리 3호분에 대해서만 도면 1매와 사진 3장을 소개하고 있을 뿐이다.[9] 아마도 그 자신은 2호분이 이미 폐기된 고분이고, 3호분은 미완성 고분이라고 생각했기 때문에 비중을 두지 않았던 것이 아닌가 한다. 그뿐만 아니라 뒤에서 다시 보겠지만, 교촌리 2호분의 경우에는 실제 유구를 찾지 못하였고, 3호분의 경우에는 묘실이 확인되었지만 실질적인 조사를 총독부 박물관에서 했기 때문에 관련 자료를 얻기가 쉽지 않았을 수도 있다.

다행히 교촌리 2호분과 3호분에 대해서는 2018년에 재차 발굴조사가 이루어진 바 있다.[10] 따라서 여기에서는 논의의 전개를 위해 발굴조사를 통해 확인된 유구 현황을 먼저 살펴보고, 뒤이어 가루베가 그것을 어떻게 인식했는 지를 알아보고자 한다.

---

7) 有光教一・藤井和夫, 2002, 『朝鮮古蹟研究會遺稿 (Ⅱ)』, 유네스코 동아시아문화연구센타, 2쪽.

8) 그래서 가루베의 이러한 행보에 대해서 1933년에 있었던 무령왕릉원 6호분 조사 후 후지다(藤田亮策)로부터 심하게 질책을 받았기 때문이 아닐까 하고 추측하는 견해도 있다(정치영, 2015, 「公州 校村里 塼室墳의 性格과 位相 再考」, 『역사와 담론』, 호서사학회, 56쪽, 각주13).

9) 輕部慈恩, 1971, 도판 34 및 35.

10) 공주대학교 박물관, 2020, 『公州 校村里(校洞) 塼築墓』, 공주시.

1. 교촌리 2호분

가루베는 교촌리 2호분에 대해서 도면이나 사진을 남기지 않았다. 따라서 그 정확한 위치조차 확인하기가 쉽지 않다. 다만 '공주향교 뒤의 구릉정상 가까운 곳'이라고만 하였다.[11] 그곳에 무수히 많은 벽돌이 지표상에 산재되어 있어 트렌치 조사를 통해 유구를 확인했다고 한다.

그런데 그때 유구는 이미 오래 전에 파괴된 때문인지 곽(槨), 즉 묘실의 흔적조차 남아 있지 않았다. 교촌리 2호분에 대한 도면이나 사진을 제시하지 못한 것은 그 때문이 아닌가 한다.

최근 가루베가 이야기한 교촌봉 정상부를 발굴 조사한 결과 석축단이 확인되었다.[12] 유구가 자리한 교촌봉은 앞에서 설명한 대로 해발 96m에 이르는 나지막한 산봉으로, 바로 북쪽에 있는 '무령왕릉원'(송산리 고분군)의 송산(宋山) 정상부 보다 10m 정도가 더 높다. 따라서 이곳에 서면 북동쪽의 공산성과 남동쪽의 공주시가지가 한눈에 들어온다.

가루베가 교촌리 2호분이라고 했던 유구는 발굴조사 결과 동서 길이 8.4m, 남북 너비 7.3m의 방형에 가까운 석축단으로 확인되었다.[13] 이 석축단은 교촌봉의 정상부를 'ㄴ'자 형태로 절토하여 돌출된 단을 만든 다음, 그 주변을 석축하여 방단을 만든 것으로 보인

---

11) 輕部慈恩, 1971, 『百濟遺跡の研究』, 吉川弘文館, 41쪽.
12) 공주대학교 박물관, 2020, 앞의 보고서, 58쪽.
13) 공주대학교 박물관, 2020, 위의 보고서.

다. 석축은 1~2단 정도만 남아 있는데, 높이가 25~30cm에 불과하다. 아울러 석축단 축조에 사용한 석재는 자연할석을 거칠게 가공한 것이다.

석축단의 정상부에는 시설물의 흔적이 전혀 남아 있지 않았다. 후대에 인위적으로 훼손된 결과가 아닐까 한다. 아울러 석축단 주변에서는 기둥구멍이 전혀 발견되지 않았고, 기와도 출토되지 않았다. 그런 점에서 석축단 시설은 지붕을 갖춘 건물지는 아니었던 것으로 판단된다.

한 가지 흥미로운 것은 시가지를 바라보는 동쪽의 경우, 다시 능선 사면을 계단식으로 절토하여 의도적으로 외곽단 시설을 조성한 반면에 능선 아래쪽에서 진입부로 추정되는 남쪽 부분은 완만한 경사면을 이루고 있다는 사실이다.[14] 이로써 볼 때 무언가 의도적으로 만든 것만은 분명하지만, 구체적으로 어떤 목적으로 만든 것인지는 확인이 어렵다.

석축단 내부에서는 이렇다 할 유구의 흔적이 확인되지 않았다. 다만, 그 주변에서 다수의 문양전(文樣塼)이 수습되었다. 가루베가 수습했던 벽돌도 이렇게 석축단 주변에 남아 있던 문양전의 일부였을 것이다. 문양전은 연화문(蓮花文) 및 연화문과 사격자문(斜格子文)이 시문된 것, 그리고 전문(錢文)이 시문된 것 등이 있다.

한편, 통일신라 때에는 석축단 시설의 남동사면부에 대단위의 화장묘, 즉 장골용기(藏骨用器)가 들어서 있다. 화장묘는 모두 8기가 확

---

14) 공주대학교 박물관, 2020, 위의 보고서, 63쪽.

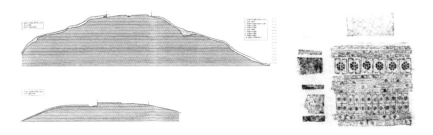

〈그림 1〉 교촌봉의 석축단(좌)과 가루베가 제시한 교촌리 2호 벽돌

인되었는데, 교촌봉 정상부 평탄지의 남동사면에 집중적으로 자리하고 있다.

2. 교촌리 3호분

교촌리 3호분은 교촌봉의 정상부에서 서남쪽으로 이어지는 마안형의 능선 남사면에 자리하고 있다. 다른 일반적인 벽돌무덤, 혹은 석실무덤과 마찬가지로 등고선과 직교하도록 토광을 파고, 그 안에 벽돌로 묘실과 연도를 만들었다. 묘실과 연도의 아래쪽으로는 배수구도 마련되어 있다.

이 벽돌무덤은 이미 가루베에 의해 알려진 것처럼 묘실의 바닥면과 벽면은 벽돌로 축조한 반면에 연도부는 축조하지 않았다. 묘실의 크기는 남북 길이 340cm, 동서 너비 190cm이고, 잔존 높이는 최대 160cm가 남아 있다.

교촌리 3호분 축조에 사용된 벽돌은 장방형과 방형의 두 종류가 있다. 장방형은 대체로 길이 34~36cm, 너비 18.5~19.8cm, 두께

3.2~3.5cm고, 방형은 길이 17.8~18cm, 너비 18.1~18.5cm, 두께 2.5~4.0cm의 크기다. 방형전은 대체로 한쪽이 두껍고 반대쪽이 얇아 사다리꼴을 이루고 있다. 25열 이상의 천정부를 축조하는데 사용된 벽돌로 보인다.[15]

묘실의 바닥면은 배수구 위에 마사토와 붉은 점토를 5cm 두께로 덮은 후에 장방형의 벽돌을 두겹으로 깔아 완성하였다. 아래쪽은 동서방향으로 깔고, 위쪽은 남북방향으로 깔았다. 7열을 깔아 바닥면의 길이가 310cm가 되게 한 다음, 그 앞으로는 한단 낮게 바닥면을 조성하였다. 그 앞쪽으로는 다시 한단을 높여 바닥면과 동일한 높이가 되도록 하였다.

벽면은 벽돌의 장변과 단변을 교차하면서 쌓아 올렸다. 무령왕릉은 4평 1수의 방식으로 축조하고, 6호분은 10평 1수, 8평 1수, 6평 1수, 4평 1수의 방식으로 축조하였지만, 교촌리 3호분은 세워쌓기를 하지 않은 채 모두 뉘어쌓기만 하였다. 다만 장변과 단변을 교차하면서 쌓았다. 아울러 단변쌓기 한 경우 뒷채움을 점질토로 채운 반면에 장변쌓기를 한 경우에는 사질토로 채웠다. 점질토와 사질토를 번갈아가면서 충전한 것이다. 1939년 조사 당시에는 〈그림 2〉에서 보듯이 바닥에서 21열에 해당되는 약 78cm 높이에 등감이 있었던 것으로 보고되었지만, 2018년 조사에서는 찾아볼 수 없었다. 그 부분의 벽돌이 훼손되면서 같이 유실된 것으로 보인다.

---

15) 공주대학교 박물관, 2020, 위의 보고서, 74쪽.

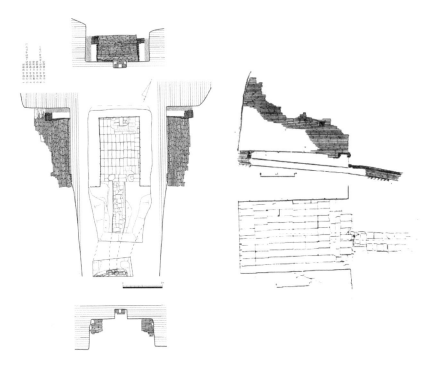

〈그림 2〉 2018년 조사 교촌리 3호분(좌)과 1939년 조사 교촌리 3호분(우)

Ⅲ. 가루베의 인식

주지하는 바와 같이 가루베가 공주에 온 것은 1927년이다.[16] 그때까지 공주의 백제 유적중 학계에 알려진 것은 거의 없었다. 공산성이 백제 유적이라는 사실이 밝혀진 것이 1910년대였는데, 그때까지도 공주지역의 백제 고분에 대해서는 알려진 것이 거의 없었다. 다

---

16) 최석영, 2004,『한국박물관의 '근대적' 유산』 서경문화사, 171~172쪽.
    윤용혁, 2010,『가루베지온의 백제연구』 서경문화사, 18~19쪽.

만 '하무릉(下武陵)' 이라는 것이 알려져 있을 뿐이었다.[17]

이러한 시기에 공주에 등장한 가루베는 1927년 3월, 우연한 기회에 송산리의 마을 아이들에 의해 무령왕릉원 2호분이 발견됨으로써[18] 백제 고분에 관심을 갖게 되었다. 그리하여 1927년에서 1933년 사이에 실견한 백제 고분이 1천 여 기에 이르렀다.[19] 아울러 그중 738기에 대해서는 직접 조사하기도 하였다.[20] 교촌리 2호분과 3호분을 발견한 것도 이때였다. 교촌리 2호분은 1927년 4월에 발견하였고, 교촌리 3호분은 1929년 6월에 발견하였다.[21]

교촌리 고분은 공주시의 서쪽에 자리하고 있다. 공주시의 서쪽은 북에서부터 정지산, 교촌봉, 봉황산, 월락산 등이 남북 일직선에 가깝게 이어지고 있어 자연적으로 그 안쪽과 바깥쪽을 구별시켜 주고 있다. 그 중 교촌리 2호분은 교촌봉의 거의 정상부에 자리하고 있고, 교촌리 3호분은 여기에서 남쪽으로 얼마간 내려온 남사면에 자리하고 있다.

교촌봉 거의 정상부에 자리하고 있는 교촌리 2호분은, 발굴조사가 이루어지기 전부터 지표상에 많은 벽돌이 드러나 있었다.[22] 따라서 가루베는 구체적인 유구의 현상을 확인하기 위해 이곳에 트렌치를 설치해 보았다.

---

17) 關野貞, 1915,「百濟の遺蹟」,『考古學雜誌』6-3 ; 1941,『朝鮮の建築と藝術』, 岩波書店, 457~459쪽.

18) 輕部慈恩, 1930,「樂浪の影響を受けた百濟古墳と博」,『考古學雜誌』20-5, 48~49쪽.

19) 輕部慈恩, 1933,「公州に於ける百濟古墳 (一)」,『考古學雜誌』23-7, 434~435쪽.

20) 輕部慈恩, 1971,『百濟遺跡の研究』, 吉川弘文館, 32쪽.

21) 輕部慈恩, 1933,「公州に於ける百濟古墳 (二)」,『考古學雜誌』23-9, 576쪽, 〈표 B〉.

22) 輕部慈恩, 1971, 앞의 책, 41~43쪽.

그러나 매장주체시설은 확인되지 않고, 많은 벽돌만 수습할 수 있었다. 이렇게 되자 가루베는 이곳에 있던 벽돌무덤이 오래 전에 파괴되어 묘실조차 완전히 훼손된 것으로 생각했다. 교촌리 2호분을 설명하면서 묘실이 파괴되어 묘실의 크기를 측정하기가 불가능하다고 한 것도 그 때문이다.[23]

이렇게 교촌리 2호분은 매장주체시설을 찾지는 못했지만, 그곳에서 수습한 벽돌은 〈그림 1〉에서 보듯이 모두 연화문 벽돌이었다. 연화문이 시문된 벽돌 이외에 다른 벽돌은 찾아볼 수 없었다.

그런데 교촌리 2호분에서 출토된 연화문 벽돌은 벽돌무덤을 축조하기에는 너무나도 적은 분량이었다. 뿐만 아니라 완형의 벽돌은 전혀 없고, 모두가 깨진 파편 뿐이었다. 이렇게 되자 가루베는 교촌리 2호분이 축조되었다가 다른 곳으로 이장(移葬)한 폐고분 이라고 판단하기에 이르렀다. 마침 공주시 원도심의 심상초등학교(봉황초등학교)에서 운동장을 정비할 때 연화문 벽돌로 구축한 우물 1기가 확인되고,[24] 무령왕릉원 5호분의 연도 폐쇄부와 제1관대, 그리고 무령왕릉원 6호분의 연도 폐쇄용 벽돌로도 연화문 벽돌이 일부 사용되고, 또 공산성내 쌍수교(雙樹橋) 동쪽에서도 연화문 벽돌의 일부가 발견됨에 따라 이러한 것들이 교촌리 2호분 축조에 사용된 연화문 벽돌을 재사용한 것이라고 판단하였다.[25]

---

23) 輕部慈恩, 1933, 위의 논문, 576쪽, 〈표 B〉.
24) 關野貞, 1924, 「公州新出土百濟時代の塼」, 『建築雜誌』453호 ; 1941, 앞의 책, 476~482쪽.
25) 輕部慈恩, 1971, 앞의 책, 42쪽.

교촌리 3호분 역시 마찬가지다. 교촌리 3호분은 교촌봉에서 얼마간 내려온 남사면에 자리하고 있는데, 〈그림 2〉에서 보는 것처럼 지하로 토광을 파고, 그 안에 벽돌로 묘실을 구축한 벽돌무덤이다. 교촌리 2호분이 연화문 벽돌을 이용하여 축조한 벽돌무덤 이라면, 교촌리 3호분은 문양이 없는 무문(無文)의 벽돌로 축조한 것이 차이점이다.

그런데 일반적인 횡혈식의 무덤과 달리 동벽과 서벽, 북벽은 일부가 남아 있지만, 천정부는 전혀 남아 있지 않았다. 남벽과 연도(羨道)도 전혀 흔적이 없었다. 그래서 가루베지온은 이것이 후대에 유실된 것이 아니라 애초부터 남벽과 연도부, 그리고 천정을 만들지 않았다고 보았다. 다시 말해서 만들던 도중에 중지할 수밖에 없는 상황을 맞이하여 공사를 중단한 미완성 고분으로 이해했던 것이다.

이렇게 가루베가 교촌리 2호분과 3호분을 정상적인 백제 벽돌무덤이 아니라 이장한 무덤, 혹은 미완성 무덤으로 인식한 것은 나성(羅城)과 고분과의 관계에 주목했기 때문이다.

가루베는 백제에서 무덤을 축조할 때, 그 위치를 결정하는 것이 1차적인 관심사였다고 보았다. 그럴 경우 백제에서는 나성 내부에는 고분을 절대로 축조하지 않는 것이 하나의 조건이자 원칙이었다고 인식했다.

그 다음이 평지가 아닌 남사면에 고분을 조성함으로써 구릉 전체를 고분권(古墳圈)으로 설정하는 것이었고, 또 하나는 피장자의 신분에 따라 도성내에서의 묘지의 위치가 결정된다고 보았다. 예를 들어 최고 신분의 사람들이 송산리(宋山里)나 보통동(甫通洞) 등 공주시의 북쪽 일대에 묘지를 선정한 반면에, 우금치나 남산 기슭 등 공주시의 남쪽 일

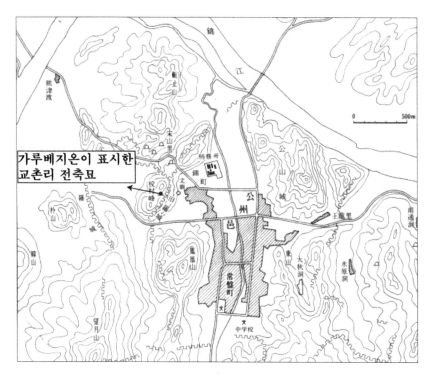

<그림 3> 가루베가 제시한 웅진 나성도

대에는 신분이 낮은 사람들의 무덤이 자리한다고 보았던 것이다.[26]

　고분 축조의 첫 번째 조건을 나성과의 관계로 설정했기 때문에 나성 안에는 단 한기의 고분도 자리하지 않는 다고 보았을 뿐만 아니라 나성의 성문에서 가까운 곳은 신분이 높은 사람, 그리고 나성 성문에서 멀어질수록 신분이 낮은 사람의 무덤이 자리한다고도 인식하였다. 자연히 가루베는 백제 웅진기에도 왕도 웅진을 에워싼 나성

---

26) 輕部慈恩, 1971, 앞의 책, 39쪽.

　　輕部慈恩, 1936, 「公州に於ける百濟古墳 (八)」, 『考古學雜誌』26-4, 216쪽.

이 존재한다고 보았다. 실제로 가루베지온은 〈그림 3〉과 같은 웅진 나성도를 제시하기도 하였다.

그런데 나성이라는 것이 처음에 축조된 다음에 그대로 존속되는 것이 아니라 경우에 따라서는 확장되는 경우도 있다고 보았다. 그럴 때에는 자연히 확장된 나성 안에 무덤이 놓여지는 경우가 생길 수 있는데, 그렇게 될 때에는 무덤을 이장하지 않을 수 없다고 해석하였다. 그러면서 그 좋은 사례로 교촌리 2호분을 들었다. 애초에 교촌리 2호분이 축조될 때에는 나성 밖이어서 아무 문제가 없었지만, 나중에 나성을 확대하게 되자 확대된 나성 안에 놓이게 되어 어쩔 수 없이 이장하게 되었다는 것이다.

3호분 역시 마찬가지다. 3호분 역시 처음에는 그것이 문제가 되지 않았기 때문에 축조가 시작되었는데, 축조를 시작한 후 얼마 지나지 않아 나성을 확대하게 됨에 따라 나성 안에 놓이게 되자 더 이상 축조를 진행하지 않고 중도에 포기하였다고 보았다. 결국 교촌리 2호분과 3호분은 나성과의 관계에 있어서 이장하거나 미완성인 상태로 남겨지게 되었다는 것이다. 가루베는 이러한 자신의 주장을 입증하기 위해 〈그림 3〉과 같은 웅진기 백제 나성도를 제시하였다.

〈그림 3〉에서 보면 웅진기의 백제 나성이 처음에는 교촌봉의 안쪽, 즉 동쪽을 지나다가 중기 이후에 송산리에 있는 무덤 남쪽으로, 다시 말해서 서쪽으로 확대되는 것을 볼 수 있다. 그래서 처음 나성이 축조되었을 때에는 교촌리 2호분과 3호분이 나성의 바깥쪽, 즉 서쪽에 자리하게 되어 아무 문제가 없었지만, 중기 이후 나성이 확대됨에 따라 나성의 안쪽에 놓이게 되자 어쩔 수 없이 이장, 혹은 미

완성인 상태로 남게 되었다고 주장하였다.

가루베가 교촌리 3호분을 미완성분이라 본 것은 이외에도 몇 가지 이유가 더 있다. 그 중 가장 큰 이유는 남벽과 연도가 갖추어져 있지 않다는 사실이다.[27] <그림 2>에서 보듯이 교촌리 3호분은 동벽과 서벽, 북벽은 일부나마 있지만, 남벽은 전혀 남아 있지 않다. 연도 역시 마찬가지다. 아마도 중앙 연도를 계획했던 것 같은데, 그런데도 연도부는 전혀 남아 있지 않다. 다만 연도부의 바닥면에 해당되는 벽돌 6매가 남벽 중앙에 일렬로 나란히 놓여 있을 뿐이다. 그런 점에서 남벽과 연도는 만들지 않은 것이 분명하다고 인식했다.

묘실 안에 점토가 채워져 있었던 것도 교촌리 3호분이 미완성 고분임을 말해주는 것이라고 보았다.[28] 1939년에 교촌리 3호분을 발굴할 당시, 묘실 안에는 점토로 채워져 있었다고 한다. 그런가 하면 연도쪽에는 자연 퇴적된 고운흙이 채워져 있었다. 그런 점에서 묘실에 있었던 점토는 인위적으로 채워 넣은 것으로 볼 수 있는데, 그렇게 되다보니 자연스럽게 가루베는 교촌리 3호분을 축조하다가 중도에 포기한 고분으로 인식하였다.

천정용 벽돌이 보이지 않는 것도 교촌리 3호분이 중도에 포기한 고분임을 입증하는 것으로 생각했다. 주지하다시피 벽돌로 터널형 천정구조의 벽돌무덤을 축조하기 위해서는 천정부를 구성하는 단면 사다리꼴, 혹은 쐐기형의 벽돌이 필수적이다. 그런데도 가루베는 교

---

27) 輕部慈恩, 1971, 앞의 책, 50쪽.
28) 輕部慈恩, 1971, 앞의 책, 51~52쪽.

촌리 3호분을 조사하면서 단면 장방형의 일반적인 벽돌만 보았지 천정부를 구성하는데 필요한 벽돌은 보지 못하였다. 그렇게 되다보니 수직으로 쌓아 올리는 벽면만 축조하고, 천정부를 축조하는 단계에서 더 이상 진전시키지 못하고 중도에 포기한 것으로 인식했다. 이때 고분을 완성했다면 교촌리 3호분 주변에서 천정부를 형성했을 사다리꼴, 혹은 쐐기형의 벽돌이 발견되어야 할 터인데 발견되지 않았기 때문이다.

물론 완성된 고분이었는데 나중에 이런저런 이유로 교촌리 3호분의 벽돌이 유실되었을 수도 있다. 그것은 교촌리 3호분이 미완성 고분으로 남아 있다가 거기에 사용된 벽돌을 다른 곳에 재사용하였다면, 자연히 그 과정에서 모두 유실될 수 있기 때문이다. 다만 그런 경우라면 교촌리 3호분 축조에 사용되었을 사다리꼴, 혹은 쐐기형의 벽돌이 공주시내 다른 곳에서 발견되어야 한다. 그런데도 지금까지 교촌리 3호분의 천정 축조에 사용된 것으로 보이는 벽돌은 다른 곳에서 발견되지 않고 있다. 그렇다면 교촌리 3호분의 천정 축조에 필요한 벽돌은 애초부터 만들지 않았을 가능성이 높고, 그런 점에서도 교촌리 3호분은 만들던 도중 포기한 미완성 고분일 가능성이 높다고 보았던 것이다.

교촌리 2호분이 이장(移葬)된 고분이고, 3호분이 미완성 고분이라면, 고분 축조에 사용된 벽돌이 왜 그렇게 적게 남아 있는 것일까. 가루베는 교촌리 2호분과 3호분의 벽돌이 다른 곳에 재사용 되었고, 그 결과 2호분과 3호분 주변에 남아 있는 벽돌이 얼마 안 되는 것이라고 보았다. 예컨대 무령왕릉원 5호분의 경우, 횡혈식 석실이지만 관대는 벽돌로 되어 있고, 연도를 폐쇄하는 데에도 벽돌이 사용되었다. 그래서 관대 중 제1관대, 즉 서쪽에 있는 관대와 연도를 폐쇄하는 데에 교촌리 2호분의 벽돌을 가져다 재사용하였고, 동쪽에 있는 제2관대는 교촌리 3호분의 벽돌을 재사용하여 만들었다고 보았다.

무령왕릉원 6호분의 경우도 마찬가지다. 무령왕릉원 6호분의 연도 폐쇄에도 교촌리 2호분 벽돌이, 그리고 관대(棺臺)는 교촌리 3호분 벽돌이 재사용되었다고 보았다. 무령왕릉원 6호분의 축조에 사용된 벽돌은 오수전 문양인데, 연도를 폐쇄하는 벽돌 중에는 연화문 벽돌이 섞여 있다보니 교촌리 2호분의 벽돌을 가져다 연도를 폐쇄하는데 재사용하였다고 보았던 것이다.

무령왕릉원 29호분의 바닥면에도 무문의 벽돌이 깔려 있다. 아울러 묘실의 동서 양쪽에 하나씩 자리하고 있는 관대도 벽돌로 만들었고, 연도를 폐쇄하는 데에도 벽돌을 사용하였다. 묘실 자체는 돌로 만든 석실무덤이지만, 바닥면과 관대, 연도의 폐쇄에 벽돌을 사용하고 있는데, 여기에 교촌리 3호분의 벽돌을 가져다 재사용하였다고 보았다.

IV. 가루베의 인식에 대한 검토

앞에서 살펴본 것처럼 가루베의 공주 교촌리 벽돌무덤에 대한 인식은 두 가지로 요약할 수 있다. 하나는 교촌리 2호분을 이장한 폐고분, 그리고 3호분을 만들다 중도에 포기한 미완성 고분으로 인식한 것이고, 다른 하나는 이러한 2호분과 3호분의 벽돌을 무령왕릉원의 5호분·6호분·29호분을 축조하는데 재사용하였다는 것이다.

완성된 고분을 다른 곳으로 이장하였다는 것도, 만들던 고분을 중도에 포기하였다는 것도 좀처럼 다른 사례가 없는 것인 만큼 비상한 관심을 끈다. 더구나 교촌리의 벽돌무덤에 사용한 벽돌을 무령왕릉원의 고분 축조시 재사용하였다는 것은 교촌리의 벽돌무덤이 선행하는 것이고, 무령왕릉원의 무덤이 후행하는 것이라는 점에서 대단히 중요한 의미를 담고 있다. 따라서 이 문제는 좀 더 살펴볼 필요가 있다. 그것은 가루베의 인식에 대한 재검토의 측면도 있지만, 백제 고분의 변천 과정을 살펴볼 때에도 반드시 짚고 넘어가야할 점이 있기 때문이다.

가루베가 주장한 것처럼 완성된 고분을 다른 곳으로 옮겨간다거나 만들던 고분을 중도에 포기하는 일은 좀처럼 찾아보기 어려운 일이다. 가루베도 그 점이 부담이 되었던지 그렇게 된 이유를 나성과의 관계 속에서 찾았다. 고분 축조시 제1의 원칙이 나성 안에는 무덤을 축조하지 않는다는 것이라고 보았던 것이다.

백제에서 나성 안에 고분을 축조하지 않는다는 것은 적절한 지적이지만, 교촌리 2호분과 3호분이 실제로 이장(移葬)된 고분, 혹은 미완성 고분인지는 검토해볼 필요가 있다. 무엇보다도 백제 웅진기에 나성이 있었는지가 문제가 되기 때문이다.[29] 가루베가 주장한 웅진

29) 서정석, 2002,『백제의 성곽』, 학연문화사, 74쪽.

나성은 지표상에 드러난 특징만을 대상으로 한 것으로, 발굴조사를 통해 입증된 것은 아니다. 무엇보다도 〈그림 3〉에서 제시한 도면은, 가루베의 주장과는 달리 웅진 나성이라는 것이 실증에 입각한 주장이 아님을 입증해 준다. 왜냐하면 웅진 나성이 실제로 있었다면 가루베가 제시한 것과 같은 나성도(羅城圖)는 있을 수 없기 때문이다. 예를 들어 교촌봉 부근의 경우, 교촌봉의 동쪽이 나성의 안쪽이고, 그 서쪽이 바깥쪽인 만큼 성벽이 실제로 있었다면 교촌봉의 정상부에서 약간 서쪽지점을 통과해야 맞다. 성벽이 〈그림 3〉처럼 교촌봉의 동쪽면을 지나게 되면, 서사면을 타고 올라오는 적을 방어할 수 없을 뿐만 아니라 적이 교촌봉의 정상부에 서면 오히려 나성 안쪽이 더 낮기 때문에 방어에 치명상을 입을 수밖에 없게 된다.

송산리의 남쪽면이나 공주중학교 부근의 성벽 또한 사실과 맞지 않기는 마찬가지다. 성벽이 송산리의 남쪽 기슭을 지나게 되면 송산(宋山)의 북쪽에서 공격해 오는 적을 막을 수가 없을 뿐만 아니라 송산 정상부에 올라서면 성 안을 내려다 볼 수 있기 때문에 방어에 치명상을 입을 수밖에 없다. 다시 말해서 〈그림 3〉처럼 이어지는 성벽은 어디에도 없다. 무령왕릉원의 존재를 인정하려다 보니 상식과 다른 나성도가 그려진 것이다. 이에 대해서는 이미 적절한 비판이 이루어진 바 있다.[30]

---

30) 정치영, 2015, 「公州 校村里 塼室墳의 性格과 位相 再考」, 『역사와 담론』 74, 호서사학회.
   정치영, 2016, 「사이토다다시(齊藤忠)의 공주 교촌리 전실분 발굴조사와 가루베지온(輕部慈恩) 비판」, 『百濟研究』 64, 충남대 백제연구소.
   齊藤忠, 1976, 「百濟武寧王陵を中心とする古墳群の編年的序列とその被葬者に關す

실재하지 않는 나성의 존재를 상정하고, 그러한 나성과의 관계 속에서 교촌리 2호분과 3호분의 존재를 설명하였기 때문에 교촌리 2호분과 3호분에 대한 인식 또한 선뜻 받아들이기 어려운 것이 사실이다. 예를 들어 교촌리 2호분의 경우 앞에서도 설명한 것처럼 교촌봉의 정상부에 자리하고 있다. 그 자신이 백제 고분의 입지가 낙랑이나 고신라와 달리 구릉의 남사면 중간 지점임을 누누이 강조했던 만큼[31] 교촌리 2호분은 그러한 일반적인 백제 고분의 입지와도 차이가 있는 것이다.

더 의아한 것은 그 스스로 이곳에 트렌치를 넣어 보았지만, 실제로는 고분의 흔적이 발견되지 않았다는 사실이다. 지표상에 연화문 벽돌이 흩어져 있어 무언가 유구가 있을 가능성을 상정한 것 자체는 자연스럽지만, 그렇다고 해서 그것이 꼭 벽돌무덤이어야 하는 것은 아니다.[32] 그런데도 가루베는 이곳에 벽돌무덤이 있다고 판단하였다. 일반적인 백제 고분과는 입지도 다르고, 실제로 고분의 흔적이 전혀 발견되지 않았는데도 이것을 벽돌무덤으로 판단한 것은 좀 의아스럽다. 실제로 최근에 이곳에 대한 발굴조사를 진행해 본 결과 벽돌무덤이 아니라 무언가 석축단과 같은 시설을 설치했던 흔적이 발견되었다.[33]

る一考察」, 『朝鮮學報』81, 141쪽.

31) 輕部慈恩, 1933, 앞의 논문, 41쪽.

32) 예를 들어 교촌봉 정상부 유구를 조사한 공주대학교 박물관팀에서는 이곳에 의례시설 같은 것이 있지 않았을까 하는 견해를 제시하였다(공주대학교 박물관, 2020, 앞의 보고서, 64쪽).

33) 공주대학교 박물관, 2020, 앞의 보고서, 62~64쪽.

그렇다면 가루베는 무엇 때문에 교촌봉 정상부에 벽돌무덤이 있다고 인식했던 것일까. 그 자신이 이 문제에 대해 설명한 것이 없기 때문에 명확히 그 이유를 알 수는 없지만, 어느 때부터인가 가루베도 공주에서 발견한 유물·유적에 대한 편년의 문제에 부딪혔던 것이 아닌가 한다.

물질문화를 다루는 고고학에 있어서 유적이나 유물이 만들어진 시기를 판단하는 것만큼 중요한 것도 없다. 고고학이란 '달리는 열차에 발착역명(發着驛名)과 시간표를 달아주는 것' 이라는 설명은 고고학에서 편년이 얼마나 중요한 지를 단적으로 말해준다.

백제 유적을 조사하던 가루베도 어느 단계가 되어서는 이러한 편년의 문제에 부딪히게 되었던 듯하다. 그때나 지금이나 편년을 해결하지 않고는 일정 부분 이상 논의를 진척시키기가 어렵기 때문이다. 다시 말해서 수 많은 백제 고분을 직접 살펴본 경험을 살려 백제 고분에 6가지 종류가 있다는 것을 밝혔지만,[34] 각 유형별 선후 관계는 알 수 없었다. 선후 관계를 알아야 백제 고분이 어떻게 출현해서 어떻게 변천해 갔는지를 설명할 수 있을 것이고, 또 서로 다른 유형의 고분이 무엇을 의미하는 지도 알 수 있을 터인데, 그러한 선후 관계를 알 수 없다보니 더 이상 논의를 전개하기 어려웠을 것이다.

그런데 일제 강점기 때 가루베가 조사한 백제 고분에서는 유적의

---

34) 輕部慈恩, 1933, 위의 논문, 43쪽.
　　輕部慈恩, 1971, 앞의 책, 36쪽.

연대를 알 수 있는 이렇다 할 유물이 별반 출토되지 않았다. 자연히 가루베는 유구에 대한 관심을 갖게 되었고, 그때 가루베의 눈에 들어온 것이 벽돌무덤이 아닌가 한다.

주지하다시피 무령왕릉원 6호분은 1932년에 처음 발견되고, 1933년에 조사가 이루어진 것인데,[35] 총독부 박물관의 조사단이 오기 전에 가루베가 먼저 들어가 내부를 조사한 것으로 유명하다. 조사단이 무덤 안으로 들어갔을 때는 묘실 안이 깨끗이 치워져 토기조각 하나 남아 있지 않았고, 마른 세토(細土) 위에 발자국만 어지러이 남아 있었다고 한다.[36]

중요한 것은 이때 '관대 위와 관대 주변, 그리고 연도 서쪽의 바닥면 벽돌이 부분적으로 뜯겨져 있어 아무리 보아도 관대나 바닥면의 구조를 조사한 흔적을 보여주고 있었다'는 점이다.[37] 다시 말해서 '도굴'하기 위해서가 아니라 무언가 '조사'를 진행한 흔적이 남아 있었던 것이다.

그러한 '조사'를 진행한 것은 가루베였을 것이다. 유적·유물의 편년에 대해서 고민하던 가루베는 공주지역에서 출토되는 벽돌을 서로 비교해 봄으로써 편년의 실마리를 마련해 보고자 했던 것이 아닐까 한다. 벽돌을 재사용한 사실이 찾아지면 선후 관계를 알 수 있게 되기 때문이다. 그 중에서도 벽돌무덤을 대상으로 한 것은, 벽돌이

---

35) 윤용혁, 2006, 「輕部慈恩의 백제고분 조사와 유물의 문제」,『韓國史學報』25 ; 2010,『가루베지온의 백제 연구』, 서경문화사, 65~72쪽.

36) 小泉顯夫, 1986,『朝鮮古代遺跡の遍歷』, 六興出版.

37) 小泉顯夫, 1986, 위의 책, 205쪽.

쉽게 구할 수 있는 유물이 아니라는 점, 그럼에도 당시 공주시내 여기 저기에서 벽돌이 많이 발견되었다는 점, 그리고 그러한 벽돌이 다양한 형태, 다양한 문양을 갖고 있다는 점 등이 고려되었던 것이 아닐까 한다.

석실 무덤은 무엇을, 어떻게 비교해서 상대편년을 찾아낼지 막막했지만, 벽돌무덤은 상대적으로 수량도 적고, 문양도 있어서 상대적으로 비교하기에 수월하다는 장점이 있다. 거기다 명문(銘文)이 있어 그것을 만든 시기를 알 수 있었던 만큼 상대 편년을 시도하기에 유리한 점이 있었던 것도 또 하나의 이유가 아니었을까 한다.

일찍이 무령왕릉원 6호분에서는 '양관와위사의(梁官瓦爲師矣)'로 읽힐 수 있는 명문전(銘文塼)이 발견되었다.[38] 이 명문전을 통해 벽돌무덤이 양나라와 관련이 있는 것임이 드러났고, 그 때문에 결국 6호분이 양나라가 건국한 502년에서 사비로 천도하는 538년 사이에 만들어진 것이 확실해 졌다.[39] 따라서 이러한 벽돌무덤과 비교하면 공주지역 백제 고분에 대해서도 편년을 할 수 있다고 생각했던 것이 아닐까 한다.

백제 고분의 축조 순서에 대해서 고민하던 차에 발견된 것이 교촌리 3호분이다. 교촌리의 벽돌무덤이 발견되기 전에 가루베는 무령왕릉원 6호분이라든가 5호분, 29호분 등을 조사하였다. 그래서 6호분의 연도부 폐쇄, 5호분의 관대와 연도부 폐쇄, 그리고 29호분의 바닥

---

38) 大坂金太郎, 1969,「百濟壁畵塼室墳出土の在銘塼について」,『朝鮮學報』51, 153쪽.
39) 輕部慈恩, 1946,『百濟美術』, 寶雲舍, 124~126쪽.

면과 관대, 그리고 연도부 폐쇄에 벽돌을 사용한 것을 확인하였다. 그러던 차에 교촌리 3호분이 발견되었고, 여기에 사용한 무문전이 5호분, 6호분, 29호분의 연도 폐쇄에도 사용된 것을 확인하였다. 더구나 교촌리 3호분은 한눈에 중도에 포기한 미완성분임이 분명해 보였다. 그렇게 되다보니 자연스럽게 교촌리 3호분을 만들다 중간에 포기하고, 그 벽돌을 5호분, 6호분, 29호분의 축조에 재사용하였다는 가설을 세우게 되었을 것이다.

그런데 6호분 연도부에는 무문전만 있는 것이 아니라 연화문전도 있었다. 그 연화문 벽돌은 교촌리 3호분 벽돌이 아닌 것이 분명했다. 교촌리 3호분에는 그러한 연화문 벽돌이 없기 때문이다.

그런데 그 주변에서 연화문 벽돌을 발견하였으니 그것이 교촌리 2호분이다. 자연히 교촌리 2호분 또한 몇 가지 이상한 점이 있기는 했지만, 폐기된 무덤이라고 해석할 수밖에 없었던 것이 아닐까 한다. 그것이 폐기된 무덤이라면 자연스럽게 무령왕릉원 6호분 연도부에 있는 연화문 벽돌을 해석할 수 있게 되기 때문이다. 그렇지 않고는 그때까지 연화문전으로 축조한 무령왕릉이 발견되지 않았던 만큼 무령왕릉원 6호분의 폐쇄전에 보이는 연화문 벽돌을 설명할 길이 없었던 것이다. 무덤이라고 볼 만한 흔적이 전혀 확인되지 않았는데도 교촌리 2호분을 무덤이라고 본 것은 그 때문이 아닌가 한다.[40]

이렇게 해서 무령왕릉원 5호분과 6호분, 그리고 29호분의 벽돌을

---

40) 그럼에도 가루베가 교촌리 2호분 벽돌이라고 제시한 탁본은 의문이다. 교촌리 2호에서는 전혀 볼 수 없었던 4평1수의 형태로 축조되어 있는 탁본이기 때문이다. 무령왕릉 발견 이후 유고집을 발간하면서 제자들이 추가로 삽입한 것이 아닐까 한다.

설명할 수 있게 되었지만, 문제는 교촌리 2호분·3호분의 벽돌과 무령왕릉원 고분내에서 출토된 벽돌을 어떻게 연결하느냐 였다. 교촌리 2호분은 형태를 알아볼 수 없을 정도로 철저히 파괴된 상태였고, 3호분 또한 남벽과 연도를 만든 흔적이 없었던 만큼 나성과 고분과의 관계를 끌어들였다. 나성과 고분과의 관계를 통해 교촌리 2호분은 이장(移葬)된 고분으로, 그리고 3호분은 미완성 고분으로 설명할 수 있었던 것이다. 교촌리 2호분과 3호분에 대한 가루베의 인식은 이렇게 해서 완성된 것으로 보인다.

언뜻 보면 교촌리의 벽돌무덤과 무령왕릉원에서 발견된 벽돌을 매끄럽게 설명한 것처럼 보인다. 그래서 무령왕릉이 발견되었을 때에도 이러한 가루베의 인식이 무령왕릉과 무령왕릉원 6호분을 해석하는데 그대로 적용되었다.[41] 다시 말해서 무령왕릉원 6호분의 연도를 폐쇄하는데 사용한 연화문 벽돌은 교촌리 2호분의 벽돌을 가져다 재사용한 것으로 보고, 그 때문에 교촌리 2호분이 선행하고, 무령왕릉원 6호분이 후행한다고 보았다. 그렇지만, 가루베의 교촌리 벽돌무덤에 대한 인식은 웅진에 나성이 있었다는 전제하에서 시작된 만큼 재검토하지 않으면 안 된다.

가루베의 교촌리 벽돌무덤에 대한 해석에는 이미 다양한 비판이 이어졌다.[42] 무엇보다도 나성을 끌어들여 교촌리 벽돌무덤을 폐고

---

41) 문화재관리국, 1973, 『武寧王陵發掘調査報告書』, 10~11쪽.
42) 齊藤忠, 1976, 앞의 논문, 141~147쪽.
   정치영, 2015, 앞의 논문, 61~70쪽.
   정치영, 2016, 앞의 논문, 5~7쪽.

분, 혹은 미완성분이라고 한 것은 받아들이기 어렵다.[43]

그렇기는 하지만 교촌리 3호분이 축조하다 도중에 포기한 미완성분이라는 주장은 설득력이 있어 보인다. 이에 대해서도 비판하는 견해가 있지만,[44] 〈그림 2〉에서 보듯이 1939년 조사 도면에서 보면 연도부의 바닥면을 조성하기 위한 것으로 보이는 벽돌 6매가 나란히 놓여 있다. 이렇게 연도 바닥면에 해당되는 벽돌이 남아 있음에도 정작 그 좌우에 있어야 할 연도의 벽면은 전혀 남아 있지 않다.

또 그러한 연도와 같이 조성했을 남벽의 벽돌 또한 전혀 남아 있지 않다. 천정부를 구성했던 벽돌이 한 점도 남아 있지 않고 벽면을 축조한 벽돌만 남아있는 것도 이 벽돌무덤이 처음부터 미완성의 형태였던 것을 의미하는 것으로 이해된다.

V. 공주지역 벽돌무덤과 교촌리 3호분

가루베는 교촌리 2호분과 3호분이 벽돌무덤이라고 인식했지만, 2호분은 벽돌무덤이 아니고, 3호분은 만들다 도중에 포기한 미완성 고분으로 판단된다. 그렇다면 교촌리 3호분은 어떻게 이해해야 할까.

---

43) 서정석, 2002, 앞의 책, 74쪽.
    정치영, 2015, 위의 논문, 76~77쪽.
44) 齊藤忠, 1976, 앞의 논문, 142쪽.
    정치영, 2015, 위의 논문, 79~83쪽.
    정치영, 2016, 앞의 논문, 18쪽.

주지하는 바와 같이 벽돌무덤은 백제 웅진기에 갑작스럽게 출현하는 묘제다. 중국의 묘제를 받아들인 것으로 이해되고 있다. 실제로 무령왕릉은 중국의 벽돌무덤과 여러 가지 면에서 서로 통하는 면이 있다.[45]

그런데 새로운 문화를 받아들이는 것은 그렇게 간단하지 않다. 그러한 새로운 문화를 받아들일 만한, 혹은 받아들일 수밖에 없었던 정치 사회적 환경이 조성되어야만 가능한 일이기 때문이다. 그런 점에서 백제 웅진기에 벽돌무덤이 만들어졌다는 사실과 함께 백제가 왜 이 시기에 벽돌무덤을 받아들였는가가 중요하지 않을 수 없다. 왜냐하면 잘 알다시피 한반도에는 이미 낙랑 벽돌무덤이 있었다. 이러한 낙랑 벽돌무덤이 백제 횡혈식 석실의 기원이라는 주장도 있다.[46] 다시 말해서 백제에서 벽돌무덤을 받아들이고자 했으면 이미 한성기에 받아들일 수 있었다는 뜻이다. 그런데 한성기에는 그러한 흔적이 전혀 없다. 아직 발견하지 못했을 뿐이라고 생각할 수도 있지만, 여러 정황으로 보아 그럴 가능성은 매우 낮아 보인다.

일찍이 신라에는 백제에 없는 능비(陵碑)가 만들어졌다. 상대적으로 문화의 선진지역이라 하는 백제에도 능비가 없는데, 돌연 삼국

---

45) 王志高, 2005, 「百濟武寧王陵形制結構的考察」, 『東亞考古論壇』 창간호, 충청문화재연구원.
　　周裕興, 2009, 「백제문화와 중국의 남조 문화」, 『百濟文化』 40, 공주대 백제문화연구소.
　　권오영, 2013, 「동아시아 문화교류와 백제 능묘의 위상」, 『백제의 능묘와 주변국 능묘의 비교 연구』, 한국전통문화대학교.
　　서정석, 2021, 「공주 송산리 6호분의 구조적 특징과 주인공 문제」, 『韓國古代史硏究』 104.
46) 이남석, 1992, 「백제 초기 횡혈식석실분과 그 연원」, 『선사와 고대』 3.

통일과 더불어 신라에 능비가 출현하는 것이다. 그것은 무언가 그 시기에 이러한 능비를 받아들이고, 또 필요로 하는 필요성이 생겼기 때문에 가능했다고 보는 것이 옳을 것이다.[47] 백제의 벽돌무덤 또한 마찬가지다.

백제는 이미 한성기부터 낙랑의 벽돌무덤에 대해서 알고 있었다. 그런데도 그것을 받아들일 생각을 하지 않았다. 웅진 천도 후에도 상당 기간 동안 받아들이지 않다가 무령왕 때에 들어서서 받아들였다. 그렇다면 이 새로운 형태의 무덤의 출현에는 적지 않은 정치 사회적인 의미가 담겨 있을 것이다.

실제로 최근 '조차시건업인야(造此是建業人也)'라고 새겨진 명문 벽돌이 발견되었다. 이것은 일제 강점기 때 수습된 '양선이위사의(梁宣以爲師矣)',[48] 혹은 '양관와위사의(梁官瓦爲師矣)'[49]로 읽힐 수 있는 벽돌과 함께 백제의 벽돌무덤이 백제인이 만든 것이 아니라 중국과의 관련 속에서 만들어졌음을 보여준다. 웅진기의 벽돌무덤은 백제의 필요에 의해 백제에서 요청하였고, 그러한 요청에 응해서 중국의 기술자가 파견됨으로써 비로소 백제에 벽돌무덤이 탄생했다고 보는 것이 옳을 것이다.[50]

일찍이 무령왕릉에서는 '사 임진년작(士 壬辰年作)'이라고 새겨진 명문 벽돌이 출토되었다. 여기서 말하는 임진년은 512년으로, 그 해에 벽돌을 만들었음을 말해주는 것이다.[51] 마침 『삼국사기』에는 그해 4월에 백제에서 양나라에 사신을 파견한 것으로 나온다. 그렇다면 그때 사신을 통해 벽돌무덤 축조를 요청하였고, 그에 응해서 중국의 기술자가 백제에 와서 벽돌을 생산하였다는 추론이 가능하다.

이렇게 백제의 요청에 의해서 벽돌무덤이 출현하였다면, 그 피장자는 왕실일 수밖에 없다. 무령왕릉이 벽돌무덤이라는 사실은 이러한 추론이 터무니없는 것이 아님을 말해준다. 그런 점에서 무령왕릉 앞에 있는 무령왕릉원 6호분 또한 왕실의 인물일 수밖에 없다. 6호분을 무령왕의 형제[52]나 순타태자,[53] 혹은 동성왕[54]이나 성왕릉[55]으로 추정한 것은 그런 점에서 합리적이다.

곁에 있는 5호분과 29호분 또한 비록 석실무덤이지만 바닥과 관대에 벽돌을 사용하였고, 무령왕릉이나 6호분과 하나의 고분군을 이

51) 박용진, 1973, 「공주 출토 백제 瓦·塼에 관한 연구」, 『百濟文化』 6, 69쪽.
   정재훈, 1987, 「공주 송산리 6호분에 대하여」, 『文化財』 20, 66쪽.
   국립부여박물관, 2002, 『百濟의 文字』, 49쪽.
52) 정호섭, 2011, 「백제 벽화고분의 조영과 문화계통」, 『한국고대사연구』 61, 316쪽.
53) 권오영, 2005, 『고대 동아시아 문명 교류사의 빛 무령왕릉』, 돌베개, 119쪽.
   서정석, 2021, 앞의 논문, 76쪽.
54) 齋藤忠, 1976, 앞의 논문, 152~153쪽.
   강인구, 2007, 「무령왕릉의 묘제와 장제」, 『웅진도읍기의 백제』, 충남역사문화연구원, 347쪽.
55) 王志高, 2008, 「공주 송산리 6호분의 몇 가지 문제 검토」, 『백제문화 해외조사 보고서』 (VI) 국립공주박물관, 141쪽.
   이주헌, 2019, 「공주 송산리 고분군의 조영 가계와 피장자」, 『한국고대사탐구』 32, 410쪽.

루고 있다는 점에서 왕실 사람이기는 마찬가지다.[56] 아마도 왕위에 오르지 못한 왕자 부부의 무덤일 것이다.

이렇게 벽돌무덤을 왕실과 관련 있는 무덤으로 본다면 교촌리의 벽돌무덤도 왕실과의 관련성을 1차적으로 고려하지 않을 수 없다. 비록 교촌리 3호분이 만들다 중간에 포기한 것이지만, 백제에서 이렇게 벽돌무덤을 만들 수 있는 사람은 왕실 이외에는 있을 수 없기 때문이다. 그런 점에서 주목되는 것이 연도부(羨道部)의 모습과 바닥에 설치된 전면관대(全面棺台)다.

가루베가 제시한 연도부의 모습과 2018년에 발굴 조사된 연도부의 모습은 약간의 차이가 있다. 가루베가 제시한 도면에 보면 연도가 묘실의 바닥면 보다 한단 높게 되어 있다. 다시 말해서 묘실의 바닥면 남쪽에 벽돌 6개가 나란히 놓여 있는데, 이것이 연도의 바닥면을 만들려고 갖추어 놓은 벽돌일 가능성이 있다.[57]

2018년 조사시에는 이 부분이 유실되어 남아 있지 않았기 때문에 정확하게 만든 과정이나 현상을 파악하기가 어렵지만, 1939년 때보다 2018년 조사시에 벽돌무덤이 더 훼손되어 있었던 것을 보면, 원래는 연도부에 6매의 벽돌이 나란히 놓여져 있었던 것을 알 수 있다. 그런데, 그 후 이 6매의 벽돌이 유실된 것으로 보는 것이 옳을 것이다. 그렇다면 대체로 연도의 너비는 114cm 정도였을 것이다.

만들다 중도에 포기한 것이어서 정확한 연도의 길이는 알 수 없지

---

56) 齊藤忠, 1976, 앞의 논문, 152쪽.
57) 輕部慈恩, 1971, 앞의 책, 51~53쪽.
　　정치영, 2015, 앞의 논문, 69쪽.

만, 이상의 내용을 보면 교촌리 3호분은 무령왕릉과 매우 닮아 있음을 알 수 있다. 무령왕릉 또한 연도 바닥면 보다 묘실의 바닥면이 한 단 낮게 되어 있다. 이렇게 연도보다 묘실의 바닥면이 한단 낮게 되어 있는 것은 무령왕릉과 교촌리 3호분, 단 2기 뿐이다. 무령왕릉보다 늦게 만들어진 6호분이나 5호분, 29호분 등도 벽돌로 만들거나 묘실의 일부를 벽돌로 만들었음에도 연도 바닥면이 묘실의 바닥면보다 한단 높게 되어 있는 것은 어디에도 없다.

사실 묘실의 바닥을 연도 바닥보다 한단 낮게 만드는 것은 백제의 전통이 아니다.[58] 백제 횡혈식 석실무덤에는 이렇게 되어 있는 것이 1기도 없다. 모두가 연도의 바닥과 묘실의 바닥이 같은 높이로 되어 있다. 그런 점에서 교촌리 3호분은 무령왕릉을 의식하고 만들어진 것이라고 볼 수밖에 없다.

교촌리 3호분이 무령왕릉을 의식하고 축조되었다는 것은 전면관대(全面棺臺)를 통해서도 알 수 있다. 백제 횡혈식 석실에서 언제부터 관대(棺臺)가 자리하게 되었는지는 잘 알 수 없다. 중요한 것은 모든 횡혈식 석실에 관대가 마련되는 것은 아니라는 사실이다. 예를 들어 부여 왕릉원의 동상총, 동하총과 중상총, 중하총에는 관대가 마련되어 있지만, 바로 인접한 능산리 서고분군의 고분에는 관대가 없다.[59] 능산리 서고분군의 횡혈식 석실도 석실 자체만 놓고 보면 부여 왕릉원의 석실과 별 차이가 느껴지지 않을 정도로 고도의 기술력을 발휘

---

58) 서정석, 2021, 앞의 논문, 60쪽.
59) 서현주 외, 2020, 『부여 능산리 고분군』(Ⅱ), 한국전통문화대학교.

에서 축조한 것이다. 그런데도 관대가 없다는 것은 관대를 아무 무덤이나 만든 것이 아님을 말해준다.

주지하다시피 부여 왕릉원의 2호분은 일찍부터 성왕릉으로 추정되어 왔다.[60] 그리고 그 가능성은 능사(陵寺)의 발견으로 한층 더 커졌다.[61] 그렇다면 부여 왕릉원의 피장자들은 성왕을 포함한 백제 왕실과 관련된 인물들이 아닐까 한다.

익산 쌍릉 또한 두 기 모두 관대가 마련되어 있다. 쌍릉 또한 무왕의 무덤일 가능성이 점점 커지고 있는 만큼[62] 관대가 있는 무덤이 왕, 혹은 왕실과 관련이 있는 무덤임을 다시 한 번 확인해 볼 수 있다.

이렇게 백제 무덤에서 관대는 간단한 것이 아니다. 무덤의 규모와 더불어 피장자가 왕, 혹은 왕실과 관련이 있는 인물임을 암시하는 중요한 구성 요소이기 때문이다. 그런 점에서 교촌리 3호분의 관대도 예사롭게 보아 넘길 일이 아니다. 더구나 그 관대가 다른 일반적인 관대처럼 독립관대의 형태를 하고 있는 것이 아니라 전면관대의 형태를 하고 있다. 백제에서 이렇게 전면관대를 하고 있는 것은 무령왕릉, 교촌리 3호분, 그리고 부여 왕릉원의 중하총 뿐이다.

아울러 교촌리 3호분은 연도 바닥면과 묘실 바닥면의 관계에 있

---

60) 강인구, 1977, 『百濟古墳研究』, 일지사,
   이남석, 2000, 「陵山里 古墳群과 百濟 王陵」, 『百濟文化』 29,
61) 김수태, 1998, 「백제 위덕왕대 부여 陵山里 寺院의 創建」, 『百濟文化』 27,
62) 최완규, 2016, 「백제 사비기 석실분과 익산 쌍릉」, 『익산 쌍릉의 정체성 규명과 향후 과제』, 26쪽.
   이문형, 2022, 「고고자료로 본 익산 쌍릉의 피장자」, 『한국고대사연구』 106, 188쪽.

어서도 앞서 설명한 것처럼 무령왕릉과 일치한다. 연도와 묘실 바닥면과의 관계로 한정하면, 백제 고분 중에서 무령왕릉과 동일한 것은 교촌리 3호분 뿐이다. 교촌리 3호분의 묘실 바닥면은 폭이 벽돌1장 크기, 즉 30cm 정도에 불과하다. 무령왕릉의 묘실 바닥면의 너비가 1.05m인 것과 비교하면 지극히 좁은 것을 알 수 있다. 그야말로 형식적이라고 해도 과언이 아니다. 왜냐하면 무령왕릉의 경우, 그 공간에서 제례 등의 의례를 행할 수 있었던데 비해 교촌리 3호분은 그러한 의식을 행할 공간이 못된다. 공간이 못되는 것이 아니라 거기에 발을 디디기도 힘들만큼 좁다. 따라서 이것은 실용성이 없으면서도 만들었다고 볼 수 있다. 그만큼 무령왕릉을 염두에 둔 축조라는 해석이 가능하다. 그렇다면 교촌리 3호분도 왕릉으로 보아야 할까.

가루베와 달리 교촌리 3호분이 만들다 중도에 포기한 것이 아니라 무령왕릉이나 6호분과는 전혀 다른 기술적 속성을 바탕으로 축조한 고분이라는 견해가 제시된 바 있다.[63] 아울러 교촌리 3호분에서 보이는 철자형(凸字形) 등감이 무령왕릉이나 6호분의 화염형 등감보다 선행하는 형식이고, 전면관대가 독립관대 보다 선행한다는 견해를 받아들여 교촌리 3호분이 6호분이나 무령왕릉 보다도 먼저 만들어졌을 가능성이 크다고 보고, 구체적으로 남조의 제(齊)에서 유입

---

63) 조윤재, 2008, 「남경 및 주변지역 六朝 大型塼室墓의 築造 工程에 대한 일고찰」, 『考古學探究』 3, 41~43쪽.
정치영, 2015, 앞의 논문, 82쪽.
이현숙, 2019, 「공주 교촌리 백제시대 전실묘와 석축단시설」, 『백제학보』 27,

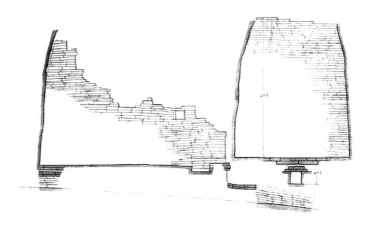

〈그림 4〉 국립중앙박물관 소장 교촌리 3호분 실측도

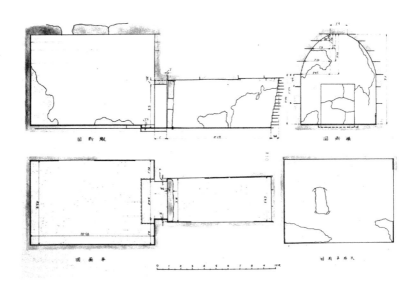

〈그림 5〉 부여 왕릉원 중하총 실측도

된 기술로 축조되었을 가능성을 제시하기도 하였다.[64] 꼭 집어 이야

---

64) 정치영, 2015, 앞의 논문, 87쪽.

기 한 것은 아니지만, 백제에서 벽돌무덤을 도입한 계기를 동성왕 때 남제(南齊)와 교섭한 기사에서 찾는 것을 보면, 동성왕을 염두에 두고 있는 것이 아닌가 한다.

앞에서도 설명한 것처럼 백제의 벽돌무덤은 왕이나 왕실과 관련된 것일 가능성이 크다. 더구나 교촌리 3호분이 갖고 있는 요소요소의 속성은 무령왕릉이나 부여 왕릉원의 중하총과 통한다. 그런 점에서 일단 그 주인공을 백제 왕으로 상정하는 것도 가능하다는 생각이다. 다만 그 축조 순서가 문제가 될 것이다.

공주에 남아 있는 무령왕릉이나 6호분, 그리고 교촌리 3호분의 축조 순서를 교촌리 3호분이 선행하고 뒤이어 6호분이나 무령왕릉이 축조되었다고 한다면, 백제의 벽돌무덤은 최정점에서 갑자기 사라지게 된다. 현재 남아 있는 벽돌무덤 중에서 가장 완벽한 것은 무령왕릉이기 때문이다.[65]

일반적으로 새로운 문화가 유입되어 사라질 때까지의 과정을 보면, 이렇게 최정점에서 갑자기 사라지는 경우는 거의 없다. 이렇게 되면 새로운 문화를 도입한 의미가 없어지기 때문이다. 백제 벽돌무덤의 축조 순서가 교촌리 3호분이 선행하고, 6호분과 무령왕릉이 후행하는 것이라면 무령왕릉이 축조된 이후에 한, 두기 정도의 벽돌무덤이 더 있어야 옳다. 그 다음에 석실무덤으로 바뀌어도 바뀌어야 한다.

뿐만 아니라 교촌리 3호분이 선행하고 6호분이나 무령왕릉이 후행한다면, '조차시건업인야(造此是建業人也)'나 '양선이위사의(梁宣以爲

---

65) 정치영, 2015, 위의 논문, 87쪽.

師矣)'와 같은 명문 내용을 설명할 수 없게 된다. 이미 교촌리 3호분을 축조한 백제에서 뒤늦게 양나라의 기술자를 받아들였다는 것은 선뜻 납득이 안 되기 때문이다.[66]

앞에서도 설명하였듯이 교촌리 3호분은 잔존 형태로 볼 때 미완성의 무덤이라고 보는 것이 옳다는 생각이다. 완성되었다면 터널형으로 되어 있었을 천정이 지금처럼 완전히 붕괴되기는 어려울 것이다. 1939년에 조사 당시의 교촌리 3호분 실측도가 최근에 알려졌다.[67] <그림 4>가 그것이다. 여기에서 보면 동서의 장벽과 북벽이 위로 올라가면서 안으로 기울어지는 것을 볼 수 있다. 수직에 가깝게 쌓아 올리는 벽면은 축조하였지만, 아치를 이루게 되는 천정부는 축조하지 못한 것을 알 수 있다.[68]

더구나 연도부 또한 축조하다 중도에 포기한 것이 아니라면 지금처럼 완전히 유실될 수는 없다. 폐기된 후에 벽돌만 다른 곳으로 옮겨졌다 하더라도 지금처럼 남벽이나 연도부가 완전히 유실된 형태로 남아있기 보다는 동벽과 서벽, 남벽이 어느 정도 보조를 맞추면서 유실되는 형태가 되었을 것이다. 무엇보다도 연도의 바닥면을 형성

---

66) 물론 교촌리 3호분 축조에 실패하고 난 뒤 양나라의 기술자를 초청하여 무령왕릉이나 6호분을 만들었다고 볼 수도 있다. 그럴 경우 교촌리 3호분에서 보이는 비백제적 요소, 즉 연도 바닥면 보다 한단 낮은 묘실과 전면관대가 어떻게 해서 출현했는지를 설명하기가 어려워진다. 이 두 가지는 벽돌무덤 그 자체와 함께 백제적인 요소가 아니기 때문에 외부로부터의 유입이 아니고는 나타날 수 없은 현상이라고 생각한다.

67) 정치영, 2016, 앞의 논문, 19쪽.

68) 가루베가 제시한 사진에는 아치식 천정부로 생각되는 벽돌이 땅에 떨어져 있는 것을 볼 수 있는데(輕部慈恩, 1971, 앞의 책, 도판 35), 이로써 볼 때 천정부를 축조하다 실패한 것으로 생각된다.

한 것으로 보이는 6매의 벽돌이 그대로 남아 있는데도 그 좌우에 놓여 있었을 연도의 벽면이 완전히 없어졌다는 것은, 완성된 후 훼손된 것이 아니라 처음부터 연도를 만들지 않았음을 의미한다. 묘실의 벽면을 축조한 후 천정부를 축조하려다 실패하여 중도에 포기한 것이다.

공주에서 벽돌무덤이 처음 출현한 것은 무령왕릉이다. 명문전의 내용으로 보나 경사면 위쪽에 자리하고 있는 입지로 볼 때 무령왕릉이 먼저 만들어지고, 뒤이어 6호분이 축조되었다고 보는 것이 합리적이다. 아울러 이 두 기의 벽돌무덤은 명문전의 내용이나 백제에서는 생소한 벽돌로 만들어진 무덤이라는 점에서 중국 기술자의 도움을 받아 축조된 것이 분명하다.

그 후 교촌리 3호분이 만들어졌다. 교촌리 3호분은 벽돌부터가 무령왕릉이나 6호분과는 완전히 다르다.[69] 문양도 없을 뿐만 아니라 소성도 훨씬 낮다. 바닥면을 삿자리모양으로 깔지 않고 일자형(一字形)으로 깐 것도 다르고, 벽면을 축조하는 데에도 길이모쌓기만 하고 작은모쌓기를 하지 않았다는 점에서 완전히 다르다.[70] 그러면서도 구조적으로는 무령왕릉을 지향하였다. 그러다보니 천정부를 축조할 때 문제가 발생한 것으로 보인다.

---

69) 장성윤 · 진홍주, 2021, 「공주 교촌리 3호 전실묘 벽돌의 태토 산지와 제작 기술」, 『百濟學報』36.
70) 교촌리 3호분이 송산리의 벽돌무덤보다 상대적으로 중국 남조 전실묘와의 연관성이 미미하다는 견해도 있다(윤한나, 2015, 「백제 전실묘의 구조와 축조 배경 검토」, 『百濟研究』61, 충남대 백제연구소, 59쪽). 표현은 다르지만 같은 의미가 아닌가 한다.

사실 벽면은 일직선으로 쌓아 올린다는 점에서 크게 문제될 것이 없지만, 천정부는 곡선을 이루면서 이어져야 하기 때문에 벽돌무덤의 핵심 기술에 해당된다. 교촌리 3호분은 끝내 이 문제를 해결하지 못한 것으로 생각된다. 교촌리 3호분이 미완성 고분으로 남겨진 결정적인 이유일 것이다. 그래서 백제에서는 교촌리 3호분 축조를 포기하고, 그 대신 새롭게 만든 것이 부여 왕릉원의 중하총이 아닌가 한다. 〈그림 5〉에서 보듯이 바닥면보다 한단 높은 전면관대를 설치하고 있을 뿐만 아니라 그 전면관대를 벽돌처럼 가공한 판석을 가지고 일자형으로 축조하고 있기 때문이다.

VI. 맺음말

교촌리 고분군은 '공주 무령왕릉과 왕릉원'에서 남쪽으로 500m 정도 떨어진 곳에 자리하고 있다. 이 고분군이 주목을 받는 것은 이곳에 벽돌무덤이 있기 때문이다. 교촌리 2호분과 3호분이 그것이다.

교촌리 벽돌무덤을 처음 발견한 것은 가루베지온이다. 교촌리 2호분은 1927년 4월에 발견하였고, 3호분은 1929년 6월에 발견하였다. 뒤이어 교촌리 2호분에 트렌치를 넣어 보았지만, 무덤의 흔적은 찾을 수 없었다. 다만 연화문 벽돌을 수습할 수 있었다. 그래서 가루베는 교촌리 2호분을 완성된 후 이장(移葬)한 무덤으로 인식하였다.

교촌리 3호분은 1939년에 발굴조사가 이루어졌다. 총독부 박물관에 연락하여 사이토다다시(齋藤忠)가 발굴하였다. 그 결과 특이하게도 남벽과 연도부가 전혀 남아 있지 않은 것이 확인되었다. 동벽과 서벽, 북벽은 일부만 남아 있고, 천정도 전혀 남아 있지 않았다. 그래서 가루베는 교촌리 3호분을 축조하다 중도에 포기한 미완성 고분으로 판단하였다.

이렇게 교촌리 2호분과 3호분이 폐고분, 혹은 미완성 고분으로 남게 된 것은, 고분 옆을 지나는 나성 때문이라고 가루베지온은 인식하였다. 즉 교촌리 2호분의 경우 원래는 웅진 나성 밖에 자리하고 있었는데, 나성이 서쪽으로 확대되면서 나성 안쪽에 놓이게 되어 이장하였다는 것이다. 3호분도 원래는 나성 밖에 해당되어 무덤을 축조하고자 하였으나, 나성이 서쪽으로 확대됨에 따라 그 안에 놓이게 되자 중도에 포기한 것으로 보았다.

가루베는 이러한 자신의 주장을 입증하기 위해 웅진기에 백제가 나성을 축조하였다고 보고, 그 도면을 제시하기도 하였다. 그러나 가루베가 제시한 나성 도면은 한눈에 보아도 사실과 다른 것임을 알 수 있다. 성벽이 지나야 할 지점을 지나지 않고, 엉뚱한 방향으로 그려져 있기 때문이다. 자연히 나성 때문에 교촌리 2호분과 3호분이 폐고분, 혹은 미완성 고분으로 남겨지게 되었다는 가루베의 주장은 선뜻 받아들이기에 주저된다.

실제로 교촌리 2호분은 가루베가 트렌치 조사를 하였지만, 무덤의 흔적이 전혀 남아 있지 않았다. 입지도 교촌봉의 정상부에 해당되어 백제 고분이 자리하기에는 부적당한 곳이다. 실제로 이곳에서는 2018년에 발굴조사한 결과 무덤이 아닌 석축단 만이 확인되었다.

이에 비해 3호분은 실제로 무덤을 만들다 중간에 포기한 것으로 보인다. 동벽, 서벽, 북벽은 일부나마 남아 있지만, 남벽과 연도의 경우에는 벽돌이 하나도 남아 있지 않기 때문이다. 벽돌이 남아 있지 않은 것이 후대에 훼손된 결과로 볼 수도 있지만, 벽면을 축조한 벽돌이 하나도 남아 있지 않다는 것은 단순히 후대에 파괴된 때문만은 아니라고 판단된다. 더구나 연도부에는 바닥면으로 생각되는 벽돌이 6매나 남아 있었지만, 벽면은 하나도 남아 있지 않았다. 이는 애초부터 연도를 축조하지 않은 결과로 이해된다.

교촌리 3호분이 이렇게 미완성의 형태로 남게 된 것은, 나성과의 관계 때문이 아니라 벽돌무덤의 핵심 기술이라고 할 수 있는 천정부를 축조하는데 실패하였기 때문이 아닌가 한다. 무령왕릉이나 무령왕릉원 6호분과 달리 교촌리 3호분은 백제에서 축조하고자 하다가 실패한 것으로 판단된다.

그런데 교촌리 3호분은 비록 미완성 형태이기는 하지만 전면관대(全面棺台)의 형태를 하고 있고, 연도의 바닥면보다 묘실의 바닥면이 한단 낮게 되어 있다. 백제 고분에서 전면관대로 되어 있는 것은 무령왕릉, 교촌리 3호분, 부여 왕릉원의 중하총 뿐이다.

또한 연도 바닥면 보다 묘실의 바닥면이 한단 낮게 되어 있는 것은 무령왕릉과 교촌리 3호분 뿐이다. 그런 점에서 교촌리 3호분은 무령왕릉을 뒤이어 축조한 백제 왕릉으로 판단된다.

무령왕릉은 '조차시건업인야(造此是建業人也)'라든가 '양관와위사의(梁官瓦爲師矣)', 혹은 '양선이위사의(梁宣以爲師矣)'로 읽힐 수 있는 명문 벽돌이 출토된 것으로 보아 양나라 기술자의 도움으로 출현 것이 분명해 보인다. 따라서 이러한 무령왕릉에 뒤이어 벽돌무덤으로 왕릉을 축조하려다가 천정부를 구축하는데 실패함에 따라 중도에 포기한 것이 교촌리 3호분이 아닌가 한다. 자연스럽게 왕릉은 부여로 옮겨가게 되었고, 이번에는 벽돌이 아닌 석재로 축조하게 되었으니 그것이 부여 왕릉원의 중하총이라는 생각이다. 실제로 중하총은 터널형 천정구조를 하고 있을 뿐만 아니라 바닥면에는 교촌리 3호분과 같이 벽돌 모양으로 가공한 석재가 길이 방향으로 부석되어 있고, 관대 또한 전면관대의 형태를 하고 있어 교촌리 3호분과 구조적으로 매우 닮아 있다.*

* 이 논문은 서정석, 2023, 「가루베지온의 공주 교촌리 벽돌무덤 연구」, 『백제학보』 43, 백제학회를 수정한 것이다.

4장 백제 성곽에 대한 인식과 그 한계

I. 머리말

주지하다시피 근대적인 학문으로서의 고고학이 이 땅에 도입된 것은 일제 강점기 무렵이다. 자연히 조사와 연구는 일본인 연구자들에 의해 독점되었고, 그 목표와 방향도 식민통치의 합리화 내지는 원활화에 있었다는 사실은 이미 여러 차례 지적된 바가 있다. 다시 말해서 식민통치의 정당성을 부여하고, 자신들의 식민통치의 문화적 성격을 과시하기 위해 고적조사사업이 진행되었다.[1] 그런 점에서 1940년대 이전에 백제 유적에 대한 조사와 연구가 고구려나 낙랑, 신라 등에 비해 활발하지 못했던 것은 어찌보면 당연한 결과였는지도 모른다.

가루베는 바로 이러한 시기에 공주와 부여 부근에 살면서 해방이 될 때까지 약 20년 동안 백제 유적의 조사와 연구에 종사하였던 인물이다. 백제 유적과 유물에 대한 조사와 연구가 그다지 활발하지 않을 때 그것을 조사·연구한 초기 고고학자였던 셈이다.

가루베가 공주에 정착하게 된 계기와 공주 정착 후 백제 유적·유물에 대한 조사와 연구의 편력에 대해서는 이미 자세한 검토가 이루어진 바 있는데,[2] 1천 여 기에 달하는 백제 고분을 조사하는 과정에

---

1) 이순자, 2009, 『일제강점기 고적조사사업 연구』, 경인문화사, 3쪽.

서, 특히 무령왕릉원 6호분의 조사와 관련하여 '연구라는 미명하에 이루어진 사굴(私掘)'행위를 한 인물,[3] '유물을 미리 빼돌리고 도굴분인 것처럼 꾸몄을 것',[4] 혹은 '한 아마추어 고고학자의 만용과 과욕[5]이라는 부정적인 평가를 받고 있다. 실제로 당시 가루베의 유적 조사에는 무리한 점이 있었던 것이 사실이고, 무령왕릉원 6호분의 처리와 관련해서도 스스로 의혹을 야기한 점이 없지 않다.[6]

그러나 이처럼 조사와 유물 처리에 있어서 일정 부분 문제가 있었던 것이 사실이지만, 근대 학문의 여명기에 가루베가 구축한 학문적 공헌에 대해서는 그에 상응하는 평가가 필요한 것이 아닌가 한다.[7] 그는 확실히 당시 공식적인 유적 조사자의 위치에 있었던 것은 아니지만,[8] 지속적으로 백제 고고학에 관한 논문을 발표함으로써 공식적인 조사자 보다도 훨씬 더 큰 영향을 후대에 끼쳤다.

예컨대 무령왕릉원의 고분의 번호는 공식적인 조사보고서와 가루베가 발표한 번호가 서로 다른데, 현재도 가루베가 발표한 번호를 따르고 있다. 아울러 불과 얼마 전까지만 해도 무령왕릉원의 직접적인 조사자로 인식되어 왔다. 긍정적인 의미이건 부정적인 의미이건

---

2) 尹龍爀, 2005, 「輕部慈恩의 공주 백제문화 연구」, 『百濟文化』 34, 공주대 백제문화연구소 ; 2010, 『가루베 지온의 백제연구』 서경문화사.

3) 有光教一, 2002, 「朝鮮古蹟研究會遺稿』 II, 유네스코 동아시아연구센타, 14쪽.

4) 정규홍, 2005, 『우리문화재수난사』 학연문화사, 428~433쪽.

5) 권오영, 2005, 『고대 동아시아 문명교류사의 빛 무령왕릉』 돌베개, 43~45쪽.

6) 윤용혁, 2010, 앞의 책, 101쪽.

7) 윤용혁, 2006, 「가루베지온의 백제고분 조사와 유물의 문제」 『한국사학보』 26 ; 2010, 앞의 책.

8) 有光教一, 2002, 앞의 책.

그 만큼 현재까지 백제 고고학에 끼친 가루베의 영향이 크다는 반증일 것이다. 여기에서 가루베의 백제 성곽에 대한 연구 성과를 검토해 보고자 하는 것도 그 때문이다.

가루베의 백제 유적·유물에 대한 인식은 그가 남긴 두 권의 저서, 『百濟美術』[9]과 『百濟遺跡の研究』[10]를 통해 살펴볼 수 있다. 둘 다 해방 이후 출판된 것이기는 하지만 두 권의 저서에서 다루는 유적·유물은 저자가 공주와 부여 부근에 거주할 때 조사한 것들이다.[11] 따라서 여기에서는 이 두 권의 저서를 바탕으로 가루베가 백제의 성곽에 대해서 어떻게 인식하고 있었는지를 살펴보고자 한다.

II. 웅진성(熊津城)에 대한 인식

일반적으로 사료에 보이는 '○○성(城)'은 방어시설이기도 하지만 그러한 방어시설로써의 성곽을 포함한 일정 공간을 지칭하는 말이기도 하다.[12] 방어시설이자 백제로 보면 방(方)이나 군(郡)과 같은 '지역단위'이기도 한 셈이다.[13]

가루베는 백제 성곽 중에서 웅진성에 가장 먼저 주목했다. 아울

---

9) 輕部慈恩, 1946, 『百濟美術』, 寶雲舍.
10) 輕部慈恩, 1971, 『百濟遺跡の研究』, 吉川弘文館.
11) 輕部慈恩, 1971, 위의 책, 例言.
12) 李宇泰, 1981, 「新羅의 村과 村主」, 『韓國史論』7, 서울대 국사학과, 86~89쪽.
13) 盧重國, 1988, 『百濟政治史研究』, 일조각, 238쪽.

러 이러한 웅진성은 공주 공산성을 중심으로 한 주변의 사찰, 고분, 나성을 포함하는 개념으로 보았다. 지역적인 개념으로 본 것이다. 여기에서는 가루베의 백제 성곽에 대한 인식을 살펴보고자 하는 만큼 그 중 공산성과 나성에 대한 부분을 검토해 보고자 한다.

1. 공산성

가루베는 공산성을 웅진성의 중심 산성으로 이해하고 있다.[14] 그러면서 웅진기 백제 왕궁이 바로 이 공산성 안에 있었다고 보고 있다. 〈그림 1〉에 보이는 A가 그곳이다. 거기에는 여러 가지 이유가 있지만, 가장 큰 이유는 이곳에서 '웅진관(熊津官)', '웅천관(熊川官)', '관(官)'과 같은 명문와(銘文瓦)가 출토된 사실을 꼽고 있다.

가루베는 여러 사료를 통해 공주지역이 백제 당시에는 '웅진(熊津)', 혹은 '웅천(熊川)' 등으로 불리웠다고 보았다. 그런 점에서 '웅진관(熊津官)'이나 '웅천관(熊川官)'과 같은 명문와가 출토되는 A지점이야 말로 웅진기 백제 왕궁지가 있었던 곳이라고 본 것이다.

A지점만이 토성벽으로 돌려져 있을 뿐만 아니라, 그 안에 상하 2단으로 조성된 건물지가 있어 많은 건물이 들어섰을 것으로 추정되는 것도 이곳을 왕궁지로 본 이유 중의 하나였다.

C지점은 공산성과 옥녀봉 사이의 계곡부에 해당되는데, 가루베는 이곳을 궁원지(宮苑址)로 보았다. 이곳에서도 A지점(추정왕궁지)과 마

---

14) 輕部慈恩, 『百濟遺跡の研究』, 吉川弘文館, 1971, 20~25쪽.

<그림 1> 공산성 평면도(輕部慈恩)   <그림 2> 공산성 A지점출토 명문와

찬가지로 '관(官)'자명 기와가 발견되고 있어 A지점과 밀접한 관련이 있다고 본 것이다. 더불어 큰 초석이 여러 점 노출되어 있고, 규모가 꽤 큰 연못도 있으며, 남쪽으로는 옥룡리(玉龍里)(현 옥룡동)와 연결될 수 있는 곳이라는 점을 근거로 들고 있다.

　가루베는 여기에서 한발 더 나아가 C지점이야말로 『삼국사기(三國史記)』 「백제본기(百濟本紀)」 동성왕 22년조에 보이는 '왕궁 동쪽에 임류각(臨流閣)을 세우니 그 높이가 5장(丈)이었으며, 또 연못을 파고 기이한 동물을 길렀다'고 하는 궁원(宮苑)이라고 추정하기도 하였다. 가루베가 그렇게 추정한 이유는 그 서북쪽에 해당되는 L지점을 곧 임류각(臨流閣)터로 보았기 때문이다. 일찍이 L지점에서는 '임류각(臨流閣)'명(銘) 기와가 발견된 일이 있는데, 그 때문에 이곳을 임류각터로 추정하였다. 그러다보니 자연스럽게 C지점을 궁원지(宮苑址)로 추정하게 되었다.

　G지점은 창고가 있던 곳으로 보았다. 이곳에서는 기대편(器台片)이라든가 금동봉황형파수(金銅鳳凰形把手), 금동제개물(金銅製蓋物) 등

이 출토되었던 곳인데, 조선시대 고지도(古地圖)던 군향고(軍餉庫)가 있었던 곳으로 표시되어 있는 것을 근거로 그 옛날부터 무언가 창고와 같은 건물이 있었던 것이 아닐까 추정하고 있다. 그러나 최근 발굴조사를 통해 이곳에는 8각 건물지와 12각 건물지가 조사되었다.[15]

H지점은 현재의 쌍수정 앞 광장에 해당되는데, 산성내에서 가장 넓은 평탄면으로, 당시에 이미 공주지역의 공설운동장처럼 이용되고 있었다고 한다. 1936년에 이 운동장을 좀 더 넓게 확장하는 과정에서 사방 1m 크기의 사각형 초석 20여 개가 노출된 일이 있다. 아울러 이곳에서는 8엽단판연화문와당과 치미가 출토된 일이 있는데, 그 때문에 가루베는 이곳을 백제시대 절터의 하나로 판단하였다.

이곳은 1985년부터 연차적인 조사가 이루어졌다. 그 결과 굴립주(掘立柱) 건물지와 초석 건물지가 발견되고, 돌로 쌓은 원형(圓形) 연못과 저장시설도 발견되어 지금은 웅진기 백제 왕궁터로 추정되고 있다.[16]

2. 웅진 나성

가루베는 백제 웅진기에 왕도를 에워싼 나성(羅城)이 축조되어 있었다고 보았다. 여기서 말하는 나성은 우리가 일반적으로 알고 있는 바로 그 나성인데, 도읍지를 에워싼 곽성(郭城)을 뜻한다. 웅진성(熊津城)의 구성 요소 중 하나로 나성을 든 셈이다.

---

15) 安承周·李南奭, 1995, 『公山城 建物址』, 공주대 박물관.
16) 安承周·李南奭, 1987, 『公山城內 推定王宮址 發掘調査報告書』, 공주대 박물관.

〈그림 3〉 가루베의 웅진 나성도(熊津 羅城圖)

이러한 나성은 부여에는 뚜렷하게 그 흔적이 남아 있지만, 공주지역은 흔적을 거의 찾아보기 어렵다. 그래서 그런지 〈그림 3〉과 같은 나성 도면을 제시하기도 하였다. 더구나 〈그림 3〉에서 보듯이 구나성(旧羅城)과 신나성(新羅城)이 있다고 보고, 그 각각에 대해서 나성벽이 통과하는 지점을 도면상에 표시하고 있다.

〈그림 3〉에서 보면 웅진기 백제 나성은 공산성을 중심으로 해서 그 동쪽은 옥룡리 남쪽 동산(지금의 옥녀봉산성) - 대추동 부근 - 성문 - 남산 - 수도 배수지(水道 配水池) - 공주중학교 교정 - 월락산으로 이어진다고 보았고, 서쪽은 금강교 인접지역 - 정지산 - 형무소 서측 - 교촌봉 - 성문 - 송산리 남쪽 - 화장장(火葬場) - 박산리 - 망월산정(望月山頂) - 월락산으로 이어져 동쪽 나성과 만난다고 보았다.

가루베는 자신이 1927년부터 1945년까지의 사이에 조사한 자료를 바탕으로 이러한 나성도(羅城圖)를 작성하였다고 한다. 아울러 이러한 나성도를 통해 백제에서는 나성 안쪽에는 고분 축조를 기피하여 모든 백제 고분이 나성의 바깥쪽에 있다는 사실을 강조하고 있다. 나성 내에는 고분을 축조하지 않는 것이 하나의 원칙이었다고 본 것이다. 따라서 나성 내에 고분이 있다면 그것은 나성 성벽이 불명확하여 성벽의 통과지점을 착각한 결과든가, 아니면 나중에 나성을 바깥쪽으로 더 크게 확장하는 과정에서 처음에는 나성 밖에 축조하였던 고분이 나성 내에 포함되게 된 것이라고 단정하였다. 〈그림 3〉에서 보는 바와 같이 교촌봉 - 봉황산 - 월락산으로 이어지는 이른바 '구나성(舊羅城)'의 존재를 상정한 것도 그 때문이 아닌가 한다. 송산리 남쪽으로 이어지는 '신나성(新羅城)'의 존재만 갖고는 교촌리고분을 설명할 수 없기 때문이다.

Ⅲ. 사비성(泗沘城)에 대한 인식

웅진성과 마찬가지로 가루베는 사비성을 사비도성으로 이해하고 있다. 따라서 사비성 안에는 중심 산성, 나성, 고분, 사지(寺址) 등이 있는 것으로 보았다. 중심 산성과 나성, 고분, 사지 등이 포함된 개념이 곧 사비성인 셈이다.

여기서 말하는 중심 산성은 현재의 부소산성을 말하는 것인데, 공산성과 달리 부소산성에 대해서는 별다른 설명이 없다. 아마도 조

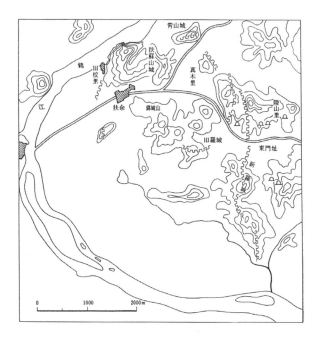

〈그림 4〉 가루베가 제시한 부여 나성도

사가 거의 이루어지지 않았기 때문일 것이다. 가루베 역시 백제 때의 궁전(宮殿)이나 궁원(宮苑), 기타 백제 때 건물에 대해서는 어느 누구도 발굴 조사한 일이 없어 자세한 것을 알 수 없다고 보고 있다. 다만 백제 기와편이 곳곳에 남아 있는 사실을 지적하면서 공산성에서와 달리 '관(官)'자가 새겨진 명문와가 보이지 않는 것이 하나의 특징이라고 하였다.

나성에 대해서도 마찬가지다. 공주의 경우, 그때까지 알려지지 않았던 나성을 처음으로 소개하면서 그 통과 지점과 고분군과의 관계에 대해서 자세한 설명을 가하고 있지만, 부여지역의 나성에 대해서는 이렇다 할 설명이 없다.

IV. 주류성(周留城)에 대한 인식

대체로 일본의 연구자들은 주류성 및 백강전투에 대한 관심이 많다. 아마도 일본이 대규모의 군대를 다른 나라에 파병한 최초의 사례기 때문이 아닌가 한다. 가루베 역시 예외는 아니다. 어쩌면 웅진성이나 사비성에 대한 연구는 주류성을 이해하기 위한 방편이었는지도 모른다.

가루베가 주류성에 대해 얼마나 큰 관심을 갖고 있었는지는 『百濟遺跡の研究』를 발간하면서 「5. 주류성고(周留城考)」라는 항목의 끝에 추기(追記)를 덧붙인 사실만 보아도 알 수 있다. 다른 항목에는 없는 추기가 주류성에 대한 글 끝에만 붙어 있다.[17]

이 추기에 의하면 가루베가 원래 주류성에 대한 논문을 써 놓은 것이 1938년 이었는데, 추가로 조사를 더 진행하고 싶었지만 1945년에 일본이 패전함에 따라 더 이상 조사를 진행시킬 수가 없었다고 한다. 그러다가 1967년에 추기(訪韓)할 기회를 얻게 되었는데, 그 때 자신이 주류성이라고 믿어 의심치 않았던 주봉록산성(周峰麓山城)을 재차 방문하였다고 한다.

그런데 이 때 남문지(南門址)라고 생각되는 곳에서 안으로 들어온 지점에 산성 형태의 나지막한 구릉이 있고, 그 위에서 백제 토기편과 기와편을 다수 수습하였다. 아울러 근처에서 백제 고분군을 발견했다는 사실을 특기하고 있다. 이로써 가루베는 주봉록산성이 백제 주류성 이라는 사실에 좀 더 확신을 갖게 되었다. 물론 당시 이 고

---

17) 輕部慈恩, 『百濟遺跡の研究』, 吉川弘文館, 1971, 172~173쪽.

분군에 대해서는 조사가 이루어지지 않은 상태였는데, 그럼에도 가루베는 이 고분군이야말로 백제 부흥운동기에 희생된 부흥군의 무덤이라고 보았다. 이러한 사실만으로도 가루베가 주류성에 대해 얼마나 많은 관심을 가지고 있었는지를 엿볼 수 있지 않을까 한다.

주지하다시피 주류성은 백제 부흥운동기에 부흥군의 양대 거점성 중의 하나다. 당시 백제 부흥군들은 임존성과 주류성을 중심으로 부흥운동을 전개해 나갔는데, 임존성에 흑치상지(黑齒常之)가 있었다면 주류성에는 풍왕(豊王)을 비롯하여 복신(福信), 도침(道琛) 등이 자리하고 있었다. 자연히 부흥운동 초기의 중심지는 임존성이었지만, 언제부턴가 그 중심이 주류성으로 옮겨지게 되었다. 특히 주류성에 풍왕이 자리하고 있었기 때문에 주류성은 왕성(王城)이라 불리기도 하였다.[18]

663년 8월, 왜는 풍왕의 요청에 의해 2만 7천명의 군대를 백제로 파견하였다. 그 때 왜의 구원군이 향한 곳이 바로 주류성이었다. 이 주류성 근처에는 백촌강(白村江)이 흐르고 있었다. 따라서 주류성과 백촌강은 떼려야 뗄 수 없는 관계였다. 왜의 군대가 주류성에 이르기 위해서는 백촌강 하구까지 온 다음 거기서 근처에 있던 주류성으로 들어가야 했다. 주류성을 목표로 했던 왜의 군대가 백촌강구(白村江口)로 들어서게 된 것도 그 때문이다.

이렇게 왜의 군대가 주류성으로 향할 때 마침 나당연합군도 주류성을 공격하기 위해 수군과 육군을 총출동시켰다. 당연히 나당연합군의 수군과 왜의 군대는 백촌강(白村江) 하구(河口)에서 만나게 되었

---

18) 『日本書紀』권 27, 「天智紀」 2년 8월조. "戊戌 賊將至於州柔 繞其王城 大唐軍將…"

는데, 이렇게 해서 이루어진 전투가 유명한 백촌강전투다.[19]

663년 8월 27일과 28일에 있었던 전투에서 왜군은 제대로 싸워보지도 못하고 당나라의 수군에 의해 완전 궤멸되었다. 백촌강전투의 패배는 곧 주류성의 함락을 의미하는 것이었다. 실제로 백촌강전투에서 패한지 얼마 지나지 않은 9월 7일에 백제 부흥군의 거점이었던 주류성은 함락되고 말았다.

이렇게 백촌강전투는 한중일 세 나라가 뒤엉켜서 싸운 최초의 동아시아 국제전쟁이다. 그런 점에서 전투의 현장이었던 백촌강이 어디냐 하는 문제와 더불어 주류성의 위치 또한 자못 흥미를 끄는 것이 사실이다. 자연히 여기에 대해서는 다양한 견해가 제시되어 있는데, 백촌강을 동진강(東津江)으로 보고 주류성을 부안 부근의 고성지(古城址)로 보는 견해,[20] 백촌강을 만경강(萬頃江)으로 보고 주류성을 김제 수류면(水流面) 일대로 보는 견해,[21] 백촌강을 줄포(茁浦)로 보고 주류성을 고부 부근의 두승산성(斗升山城), 혹은 위금암산성(位金岩山城)으로 보는 견해,[22] 백촌강을 금강으로 보고 주류성을 충남 서천(舒川)의 한산(韓山) 부근으로 보는 견해,[23] 같은 서천의 길산천(吉山川) 하류로 보는 견해[24] 등이 있다. 이 밖에도 홍성설,[25] 연기설[26] 등이 더 있는 것은 다 아는

---

19) 『日本書紀』권 27,「天智紀」 2년 8월조.

20) 小田省吾, 1924,「朝鮮上世史」『朝鮮一般史』 조선총독부.

21) 大原利武, 1924,「朝鮮歷史地理」『朝鮮一般史』 조선총독부.

22) 今西龍, 1934,「周留城考」『百濟史硏究』 近澤書店.

23) 津田左右吉, 1913,「百濟戰役地理考」『朝鮮歷史地理』上, 남만주철도주식회사.

24) 池內宏, 1933,「百濟滅亡後の動亂及び唐羅日三國の關係」『滿洲歷史地理硏究報告』14.

25) 洪州鄕土文化硏究會 編, 1989,「홍주 주류성고」『洪州의 故地名硏究』 홍주문화원.
朴性興, 1994, 『洪州 周留城考』 홍성군.

사실이다.

가루베는 주류성을 둘러싼 이러한 주장이 기록만을 중시하고 현장 답사를 등한시 한데서 비롯되었다고 비판하였다. 적어도 주류성이 되기 위해서는 축성 양식이 백제식 이어야 하고, 그 안에서 백제기와와 같은 유물이 출토되어야 하며, 기타 산성이 자리한 입지나 지세가 사료상의 설명과 부합하여야만 한다고 보았다.

실제로 이러한 여러 조건에 부합되는 산성이 있다면 주류성일 가능성이 한층 높아지는 것은 사실이다. 그러나 그 자신이 이러한 요건을 제시하였지만, 정작 본인이 주류성의 위치를 비정할 때에는 음운학적인 해석에 일차적인 기준을 두었다. 예컨대 주류(周留)는 그 훈(訓)이 '두루(turu)', 또는 '돌(tor)'에 유사하다고 보고, 그 위치를 충남 부여군 충화면과 서천군 마산면 경계에 있는 '주봉(周峰)'이라 불리는 곳의 고성지(古城址)라고 보았다.[27]

여기서 주목되는 것은 '두루'나 '돌'에 유사한 지명은 이곳 말고도 더 있을 터인데, 왜 하필 충남의 충화면과 서천군 일대의 주봉(周峰)이라는 지명에 주목했는가 하는 점이다.

주지하다시피 주류성은 백촌강(白村江, 白江)과 불가분의 관계에 있다. 따라서 주류성의 위치를 알기 위해서는 백촌강의 위치를 알아야 한다. 그러한 백촌강을 가루베는 현재의 금강으로 보고 있다.[28] 즉 공주에서 부여까지는 웅진강(熊津江), 혹은 웅진(熊津)이라 하고,

---

26) 金在鵬, 1995, 『燕岐 周留城 硏究』 연기군.
27) 輕部慈恩, 1971, 앞의 책, 149쪽.
28) 輕部慈恩, 1971, 위의 책, 87쪽.

그 하류를 백강(白江), 혹은 백촌강(白村江)이라 불렀으며, 그 하구(河口)를 백사(白沙)라 불렀다고 보았다. 그러다보니 자연히 주류성을 현재의 금강 근처에서 찾을 수 밖에 없었다. 마침 이곳에 주봉(周峰)이라는 지명이 있는 것을 보고 주목하게 된 것으로 보인다.

주봉록산성(周峰麓山城)을 주류성(周留城)으로 본 데에는 지명이 비슷하다는 점 이외에 몇 가지 근거를 더 들고 있다. 예를 들어 이 주봉록산성(周峰麓山城)은 주위가 산봉(山峰)으로 중첩되어 있는 곳에 자리하고 있는데, 이곳이야말로 부여에서 서천으로 통하는 요충지라고 보았다. 다시 말해서 사비도성에서 서부로 통하는 주요 통로 중 하나였고, 특히 백강구(白江口)로 통하는 최단거리 육로의 바로 남쪽이라고 보았다. 당시의 교통로나 금강과의 관계로 볼 때 주류성과 같은 중심 거성(據城)이 자리할 수 있는 위치라고 보았던 것이다.

게다가 산성의 둘레는 약 3㎞에 이르고 있어 고대 산성으로서는 규모가 매우 큰 편인데, 축성법이 백제식이라는데 주목하고 있다. 즉 성내에 현미봉(玄眉峰)(북), 무제봉(武帝峰)(동), 석천산(石泉山)(서), 그리고 오산(鰲山)과 송정봉(松亭峰)(남)이 있어 이 4개의 봉우리를 에워싸면서 포곡식으로 축조한 산성인데, 자연 구릉을 곧 성벽으로 이용하고 있는 것이 특징이다. 이렇게 자연 구릉을 성벽으로 이용하는 것은 공산성(公山城)을 생각하게 하는 것으로, 이것이야 말로 백제식의 축성법이라고 보았다.

또한 성내에서 백제 유물을 수습할 수 있다는 점도 들고 있다. 즉 성내에서 백제 기와편과 토기편을 다수 수습할 수 있는 만큼 이로써 주봉록산성을 백제 산성 이라고 판단하였다. 더구나 수습된 유물 중에는 '류(留)'라고 판독할 수 있는 명문와편(銘文瓦片)도 한 점 있어서 더더욱 가루베를 고무시켰던 듯하다.[29]

주봉록산성(周峰麓山城) 주변의 지명과 전설도 주봉록산성을 주류성으로 비정하는데 한몫했던 듯하다. 즉 주봉록산성(周峰麓山城) 주변에는 신라군에 의해 남겨진 것으로 보이는 정장멀(戰場村), 은작(隱賊), 고락(古樂), 새말, 상나공(上羅軍) 등이 있다. 이러한 지명들은 모두가 순한글로 남아 있고 한자로 어떻게 표기하였던 것인지는 모르지만, 주변에 남아 있는 전설이나 발음이 비슷한 한자를 감안해 볼 때 백제와 신라의 전투장소, 또는 백제군이 신라군을 피해서 숨어 있던 곳임을 의미한다고 보았다. 자연히 주봉록산성에서는 백제군과 신라군 사이에 대규모 전투가 있었던 것이 확인된 셈이다.

요컨대, 지명으로 볼 때 주류성(周留城)과 유사한 주봉(周峰) 이라는 지명이 남아 있고, 그 주봉(周峰)에 고성지(古城址)가 자리하고 있으며, 그 산성의 축성법이 백제식이라고 보았다. 또한 그 안에서 수습되는 유물도 백제 기와편과 토기편이 있어 백제 산성으로 인정할 수 있고, 산성을 둘러싼 주변 지형도 사비에서 금강하구, 혹은 사비에서 백제 서부로 통하는 교통의 요충지에 자리하고 있는 만큼 사료상에 보이는 주류성일 가능성이 높다고 보았던 것이다.

이러한 견해는 기존의 연구자들보다는 한층 다양한 근거를 가지고 위치 비정을 시도했다는 점에서 의미가 있지만, 기본적으로 백촌강(白村江, 白江)을 금강으로 보았고, 주봉록산성(周峰麓山城)의 '주

---

29) 輕部慈恩, 1971, 위의 책, 158~159쪽.

봉(周峰)'을 '주류성(周留城)'에서 왔을 가능성이 크다고 보는 전제 위에서, 다시 말해서 발음이 비슷한 지명에서 출발했다는 점에서 아쉬움이 남는다고 하지 않을 수 없다.

V. 백제 성곽에 대한 인식의 검토

백제 유적에 대한 조사가 처음 이루어진 것은 1909년부터 1915년까지 진행된 세키노 타다시(關野貞) 일행의 고적조사가 아닌가 한다. 그 후 해방이 될 때까지 백제 유적·유물에 대한 조사는 일제 관학자 들에 의해 이루어졌다. 이때 이루어진 조사와 연구는 대체로 4시기로 나누어 볼 수 있다.[30]

이 4시기를 조사된 유적의 성격에 초점을 맞춘다면 제 4기(1931~1945년)와 그 이전 시기로 나누어 볼 수 있다. 제4기가 지역적으로는 부여, 분야로는 백제 사찰에 대한 조사가 중심을 이룬 시기라고 한다면,[31] 그 이전은 주로 백제 고분에 대한 조사가 주류를 이루었던 시기라고 할 수 있다. 어느 쪽이 되었든 백제 성곽이 중점적으로 조사·연구된 시기는 없었다는 뜻이다. 그런 점에서 가루베의 백제 성곽 연구는 일단 의미를 부여할 수 있는 것이 아닌가 한다. 비록 그 자신은 백제 성곽 자체에 대한 관심 보다는 부흥운동기의 전적지(戰

---

30) 李炳鎬, 2011, 「日帝强占期 百濟 故地에 대한 古蹟調査事業」, 『韓國古代史研究』 61, 116~140쪽.
31) 李炳鎬, 2011, 위의 논문, 135쪽.

跡地)를 추적하는 과정에서 자연스럽게 백제 성곽을 주목한 것이고, 또 성곽 자체에 대한 연구라기 보다는 성곽의 위치 비정이 주류를 이루고 있기는 하지만, 당시 백제 성곽에 대한 전문 연구자가 없었던 사실을 감안해 볼 때 그의 연구는 주목할 필요가 있는 것이 아닌가 한다. 고분이나 사찰과 마찬가지로 성곽이 역사고고학의 한 분야가 될 수 있음을 보여주었기 때문이다.

물론, 앞에서 살펴보았듯이 가루베의 백제 성곽에 대한 연구는 웅진성(熊津城), 사비성(泗沘城), 주류성(周留城) 등에 그쳤다. 백제의 도성과 부흥운동기의 중심 성곽에 한정된 것이 사실이다. 애초 부흥운동기의 전적지(戰跡地)를 확인하는 것이 주된 관심사였던 만큼 부흥운동 때 중심 거성(據城)으로 기능한 주류성과 백제의 도성을 주목한 것은 어쩌면 당연한 것인지도 모른다.[32]

이렇게 가루베의 백제 성곽 연구는 양면성을 갖고 있다. 의미를 부여할 수 있는 부분이 있는가 하면, 지금에서 보면 아쉬움이 남는 부분도 있다. 이하에서는 가루베의 백제 성곽 연구의 의의와 한계를 간단히 정리해 보고자 한다.

1. 공산성에 대한 검토

보통은 웅진성 이라고 하면 현재의 공주 공산성을 가리키는 것이

---

32) 輕部慈恩, 1971, 「百濟都城及び百濟末期の戰跡に關する歷史地理的檢討」, 『百濟遺跡の研究』, 吉川弘文館, 8~9쪽.

일반적이지만, 가루베는 웅진성을 공산성은 물론이고, 그 주변의 고분과 사찰, 그리고 왕도 웅진을 에워싼 나성까지를 포함하는 개념으로 사용하고 있다. 자연히 공산성은 웅진성의 '중심 산성지'로 파악하고 있다.

앞에서도 보았듯이 공산성에 대해서 가장 체계적으로 접근한 최초이 인물이 바로 가루베이다. <그림 1>에서 보는 바와 같이 공산성과 그 주변을 A~L로 나누어 각각의 현황과 그 성격을 추론하고 있다.

사실 1910년대 중반까지만 해도 공산성내에서 백제 유물이 전혀 발견되지 않아서 이것이 백제 성곽인지조차 알지 못했었다. 세키노 타다시(關野貞)에 의해 성내에서 발견되는 토기편과 기와편이 백제 때 것으로 밝혀짐에 따라 비로소 백제 성곽으로 인식하기에 이르렀다.[33] 백제 성곽임이 밝혀진 다음에도 나제회맹(羅濟會盟)이 거행된 취리산과 혼동할 정도였다.[34]

이러한 사정을 감안해 본다면 가루베의 공산성에 대한 설명은 매우 획기적이라 하지 않을 수 없다. 아마도 공주에 오랫동안 거주하고 있었기 때문에 가능했을 터인데, 1927년에 공주에 정착하게 되면서부터 공주와 공산성에 대한 관심을 갖게 된 끝에 얻어진 결론이었다. 그래서 1935년 쯤에는 공산성이 백제 웅진성의 중심 성곽이라는

33) 關野貞, 1915, 「百濟の遺蹟」 『考古學雜誌』 6-3 ; 1941, 『朝鮮の建築と藝術』, 岩波書店, 457~458쪽.
34) 今西龍, 1934, 「百濟都城扶餘及び其の地方」 『百濟史研究』, 近澤書店, 411쪽.

사실을 깨닫게 되었다고 고백하기도 하였다.[35]

공산성에 대한 그의 이러한 지견은 1970년대 말에 백제문화권개발사업의 일환으로 공산성이 본격적으로 조사되기 이전까지 공산성에 대한 유일한 조사·연구 자료였다.[36] 1970년대 말에 진행된 백제문화권개발사업에 공산성이 포함되고, 공산성에 대한 조사와 연구가 다른 유적보다 앞서 갈 수 있었던 것도 사전에 가루베의 조사와 연구가 있었기 때문에 가능했다고 해도 과언이 아니다.

가루베의 공산성에 대한 인식중에서 중요한 점은 웅진기 백제의 왕궁을 공산성 안에서 찾았다는 사실이다. 가루베가 본격적으로 활동하게 되는 1930년대 이전까지만 하더라도 한국의 도성에 대한 일제 관학자(官學者)들의 인식은 평지성과 산성이 하나의 세트를 이루면서 도성을 이룬다는 것이었다.[37] 그것은 당연히 고구려 평양성에 대한 『주서(周書)』의 기록 때문일 터인데,[38] 산 기슭에 왕궁을 축조하고, 그 배후에 방어용의 산성을 배치하여 이 양자가 도성(都城)을 이루고 있었다는 생각은 지금까지도 이어지고 있다. 그래서 백제의 도성 역시 그러한 평지성과 산성의 세트 관계로 설명하고 하는 것이 일반적이다. 현재도 사비도성 남쪽의 관북리 일대와 공산성 남쪽의 옛 시외버스터미널자리 등을 왕궁과 관련시켜 주목하고 있

---

35) 輕部慈恩, 1935,「公州に於ける百濟の遺蹟」『忠南鄕土誌』 1~8쪽.

36) 윤용혁, 2010, 앞의 책, 서경문화사, 48쪽.

37) 關野貞, 1911,「南鮮旅行談」『史學雜誌』22-2, 97쪽.

38) 『周書』권 49,「列傳」제 41, 異域 上, 고구려조. "治平壤城 其城 東西六里 南臨浿水 城內唯積倉儲器備寇 賊至日 方入固守 王則別爲宅於其側 不常居之"

는 것도 그러한 이유 때문이다.

그러한 점에서 본다면 공산성 내부에 왕궁이 있었을 것으로 본 가루베의 견해는 획기적이라고 하지 않을 수 없다. 다만 그의 공산성 이해에는 몇 가지 아쉬움이 남는 것도 사실이다.

먼저 공산성 안에 백제의 왕궁이 있었을 것으로 이해하면서도 정작 그 위치를 동쪽 귀퉁이에 비정하였다는 사실이다. 이곳은 조선시대 때 공산성을 개축(改築)하면서 성벽을 안쪽으로 들여쌓음으로써 마치 성벽이 안팎으로 이중으로 돌아가는 것처럼 되어 있는 곳이다. 조선시대에 들여쌓은 성벽의 바깥쪽이기 때문에 이른바 '외성(外城)'에 해당되는 곳이다. 가루베 자신이 지적하였듯이 공산성에서 지형이 가장 완만하여 외부에서 공산성으로 접근할 때 가장 쉽게 접근할 수 있는 곳 중의 한 곳 이기도 하다.

또한 그 자신은 이곳에 상·하단으로 평탄면이 조성되어 있어 많은 건물이 들어설 수 있었을 것으로 보았지만, 동서 20m, 남북 70m의 이 좁은 공간에는 다시 작은 구릉이 솟아 있어 실질적으로 건물지가 들어설 수 있는 평탄면은 그다지 많지 않은 실정이다.

이렇게 이곳은 지나치게 동쪽으로 치우친 곳이면서 지형적으로도 가장 완만한 곳이다. 또 넓은 공간이 아님에도 그 한가운데에 다시 구릉이 솟아 있어 건물지로는 적당하지 않은 곳이기도 하다. 따라서 공산성 내에 왕궁이 있었다 하더라도 과연 이곳에 자리하고 있었을까 하는 의문이 있다.

가루베 자신도 이곳을 왕궁으로 추정하면서도 '웅진관(熊津官)', '웅천관(熊川官)', '관(官)' 등이 새겨진 명문와(銘文瓦)가 출토된다는 사실만을 그 근거로 든 것도 그 때문이 아닌가 한다. 그러나 이러한 명문와는 모두가 통일신라시대 기와로 백제와는 관련이 없는 유물이다.[39] 더구나 최근의 연구에 의하면 이러한 '지명+관(官)'명(銘) 명문와(銘文瓦)가 출토되는 성곽은 통일신라시대 그 지역의 치소(治所)였던 곳을 의미한다.[40] '임존관(任存官)'은 통일신라 시기 임존성지역의 치소였음을 의미하는 것이고, '마로관(馬老官)'은 통일신라 시기 마로현(馬老縣)의 치소였음을 의미하는 것이다. 그런 점에서 공산성에서 출토된 '웅진관(熊津官)'이나 '웅천관(熊川官)'은 공산성이 통일신라 시기 웅천주(熊川州)의 치소였음을 의미하는 것은 될지 몰라도 백제의 왕궁을 의미하는 것이라고는 보기 어렵다. 이러한 것은 역시 초기 연구가 갖는 시대적인 한계로 이해해야 할 것이다.

〈그림 1〉의 L지역을 임류각터로 보는 것도 마찬가지다. L지역을 임류각터로 본 것도 이곳에서 명문와(銘文瓦)가 출토된 때문인데, 이러한 명문와는 실은 모두가 통일신라 시기의 것들이어서 백제와는 무관한 것이다. 실제로 임류각과 관련된 명문와, 명문 토기편은 공산성내 곳곳에서 발견되고 있어 이것만 가지고는 단정하기 곤란한 상황이다.

현재는 〈그림 1〉의 F지점 부근에 임류각터가 자리하고 있는데,[41] 이곳을 임류각터로 보게 된 것도 '류(流)'자명(字銘) 명문와편이 이곳에서 발견되었기 때문이다. 명문와나 명문토기편만을 기준으로 하

---

39) 安承周·李南奭, 1987, 『公山城 百濟 推定王宮址 發掘調査報告書』, 공주대 박물관.

40) 차순철, 2002, 「官字銘 銘文瓦의 使用處 檢討」, 『慶州文化硏究』 5, 경주대 문화재연구소.

41) 安承周, 『公山城』, 공주대학교 박물관, 1982.

면 원래의 임류각터를 찾기 어렵다는 사실을 말해주는 것이 아닌가 한다. 더구나 〈그림 1〉의 F지점 근처에 있는 임류각터 또한 그 사실성을 의심받고 있는 실정이다.[42]

무엇보다도 L지역을 임류각터라고 하면 왕궁지로 추정하는 A지역과 방향이 맞지 않는 다는 사실이다. 『삼국사기』에 의하면 임류각은 왕궁의 동쪽에 세워져 있었다.[43] 그런데 A지역을 추정 왕궁지로 보고, L지역을 임류각터로 보면 그곳은 A지역의 북쪽이지 동쪽이 되기 어렵다. 그런 점에서 A와 L의 관계는 『삼국사기』 기록과 배치된다는 점에서도 수긍하기 어려운 것이 사실이다.

또 동성왕은 한 때 이 임류각에서 근신들과 더불어 밤새도록 연회를 즐긴 일이 있다.[44] 그렇다면 임류각은 왕궁과 더불어 왕성의 안쪽에 있었던 것이 아닌가 한다. 밤새도록 연회를 즐길 정도라면 L처럼 성벽 바깥쪽보다는 성벽 안쪽에 있었다고 보는 것이 자연스럽기 때문이다.

2. 나성(羅城)에 대한 검토

가루베의 웅진성(熊津城) 연구에서 또 하나 주목할 것은 공주지역에 백제 당시의 나성(羅城)이 있었다는 주장이다. 이러한 나성에 대해서는 그 이전에 어느 누구도 주장한 일이 없기 때문에 대단히 획

---

42) 이남석, 1999, 「百濟 熊津城인 公山城에 對하여」, 『馬韓百濟文化』 14 ; 2002, 『熊津時代의 百濟考古學』, 서경, 24쪽.
43) 『三國史記』 권 26, 「百濟本紀」 4, 東城王 22년조. "春 起臨流閣於宮東…"
44) 『三國史記』 권 26, 「百濟本紀」 4, 東城王 22년조. "五月 旱 王與左右宴流閣 終夜極歡"

기적이라 할 만 하다.

그런데 가루베는 이렇게 처음으로 공주지역의 나성에 대해서 설명하면서도 정작 나성의 현황, 상태, 규모 등에 대해서는 이렇다할 설명이 없다.[45] 공주지역 나성에 대한 최초의 학계 보고인 만큼 나성의 현황을 먼저 소개하는 것이 당연하다. 그런데도 핵심을 이루는 이러한 사항들에 대한 설명이 빠져 있는 것은 나성 자체에 대한 의문을 갖게 하는 것이 사실이다.

실제로 가루베가 공주지역의 백제 나성에 대해 설명한 것은 백제의 도성제를 설명하기 위한 것도 아니고, 백제의 나성 자체를 설명하기 위한 것도 아니며, 오로지 백제 고분을 설명하는 과정에서 필요에 따라 나성을 설명한 것에 지나지 않는다. 다시 말해서 가루베는 백제의 경우 나성 안쪽에는 고분이 없고, 나성 바깥쪽으로만 고분이 자리한다는 생각을 갖고 있었는데, 그것을 입증하기 위한 방편으로 공주지역의 나성을 거론하였다.

나성의 안쪽에 고분을 만들지 않았다는 것은 탁견이지만, 그렇다고 공주지역에 없는 나성을 만들어 낸 것은 반드시 재검토해야 할 사안이 아닌가 한다. 가루베의 설명과는 달리 공주지역에 나성이 존재하지 않는 다는 것은, 굳이 현장조사를 거치지 않더라도 그 자신이 제시한 〈도면 3〉만 보더라도 금방 알 수 있기 때문이다.

요컨대 〈그림 3〉의 나성도는 나성과 고분군과의 관계를 설명하기 위해 인위적으로 작성된 것으로 판단된다.

---

45) 유원재, 1992, 「熊津都城의 羅城 問題」, 『湖西史學』 19·20, 호서사학회, 36쪽.

3. 주류성(周留城)에 대한 검토

가루베의 말을 빌지 않더라도 백제사에 있어서 주류성이 얼마나 중요한 성곽인지는 새삼 강조할 필요도 없다. 따라서 가루베 이전부터 많은 일본의 연구자들이 주류성의 위치를 추적해 왔다.

그러나 그러한 노력에도 불구하고 가루베는 그다지 만족하지 못한 듯하다. 사료나 도면만 가지고 책상 앞에서 이리저리 위치비정 하는 작업이 그다지 옳게 비쳐지지 않았기 때문이다. 특히 '주류성'과 음이 비슷한 지명을 찾아 이리저리 연결하는 접근 방법에 가루베는 반대하고 있다.

가루베는 사료나 지도 이외에 현장 답사의 중요성을 강조하고 있다. 특히 현장에서 백제 관련 유물을 수습할 수 있어야 하고, 성곽일 경우에는 적어도 백제 성곽이 갖고 있어야 할 최소한의 특징을 갖추고 있는 성곽이라야 위치 비정의 대상이 될 수 있음을 지적하고 있다. 거기다 성곽 주변의 전설이나 지명 등도 주목할 필요가 있음을 강조하였다.[46]

사실 위치 비정을 하면서 백제 성곽이 갖는 일반적인 특징에서 벗어난 유적을 대상으로 하든가, 아니면 백제 유물이 전혀 보이지 않는 성곽을 대상으로 위치 비정이 이루어진다면, 아무래도 공감대를 얻기 어려운 것은 말할 필요도 없다.[47]

---

46) 輕部慈恩, 1971, 「周留城考」『百濟遺跡の硏究』, 吉川弘文館, 150~154쪽.

47) 예컨대 주류성의 후보지중 하나로 전북 부안의 위금암산성이 거론되기도 한다. 그런데 위금암산성은 입지나 규모, 그리고 축성법으로 보았을 때 백제 산성으로 보기 어려

그럼에도 이러한 현상은 현재에도 이어지고 있다. 다시 말해서 사료상에 등장하는 백제 성곽의 위치 비정을 시도하기 위해서는 당연한 이야기지만, 백제 성곽을 먼저 찾아내는 것이 중요하다. 그런데도 이러한 작업은 소홀한 채 사료상에 등장하는 몇몇 구절만을 중시한다든지, 아니면 지명이 비슷하다는 사실에 주목하여 위치 비정이 이루어지는 것이 대부분이다. 그런 점에서 볼 때 가루베가 성곽의 위치 비정을 하기 위한 전제 조건으로 거론한 것은 지금의 관점에서도 홀시할 수 없는 부분이 있는 것이 사실이다.

확실히 가루베의 접근 방법에는 그 이전의 연구자들과는 달리 한층 과학적이고 객관적인 접근을 하고자 했던 노력이 엿보인다. 그것은 아마도 오랫 동안 현장 조사를 진행해 오면서 유적·유물의 중요성을 몸소 깨달았기 때문이 아닐까 한다.

그러나 이러한 진전된 자세에도 불구하고 가루베의 접근 방법에도 여전히 아쉬움이 남기는 마찬가지다. 예컨대 주류성을 위치 비정할 때 사료를 꼼꼼히 검토하는 것 못지않게 현장 답사를 통해 백제 성곽을 찾아내는 작업이 중요하다는 것은 누구나 인정할 수 있는 부분이다. 다만 이럴 경우 백제 성곽이 어떤 특징이 있는지에 대해서도 설명이 있어야 한다.

그렇지만 가루베 역시 백제 성곽의 특징을 제시하지 못하고 있다. 입지는 어떠하고 규모와 축성법은 어떠한지, 성문과 같은 부대시설이 갖는 특징은 무엇인지, 그리고 성내에서 수습되는 유물에는 또한 어

운 유적이다.

떤 특징이 있어야 하는지 등과 같은 일반적인 모델을 제시했더라면 좋았을텐데 그런 것이 없다는 점이 아쉽다.

물론 그 당시에는 백제 성곽에 대한 조사와 연구가 전무하다시피 했던 만큼 이 모든 책임을 가루베에게만 물을 수는 없을 것이다. 그렇다하더라도 가림성(加林城)[48]이나 진현성(眞峴城),[49] 혹은 부여 나성과 같은 것을 참고했더라면 어느 정도 백제 성곽의 모델을 제시할 수 있지 않았을까 한다. 이러한 일반적인 모델 없이 주봉록산성(周峰麓山城)을 주류성으로 비정하는 것은 결론을 미리 내려놓고 꿰어 맞추기를 한 것이 아닌가 하는 의구심을 갖게 한다.

뿐만 아니라 발음이나 한자의 유사성만을 가지고 위치 비정하는 것이 위험하다는 사실을 누차 지적하면서도 정작 스스로도 그러한 우를 범하고 있다는 사실이다. 가령 그 자신이 주류성으로 보고 있는 주봉록산성(周峰麓山城)의 '주봉(周峰)'에 보이는 '주(周)'를 '주류성(周留城)'의 명칭이 잔존해 있는 흔적으로 본 것이라든가 주봉록산성 내에 있는 무제봉(武帝峰)을 무왕묘(武王廟)가 있었던데서 비롯된 명칭으로 보면서 이를 '무왕종자복신(武王從子福信)'과 연결시켜 복신이 처음부터 주류성(즉 주봉록산성)을 근거로 하고 있었다고 본 것 등이 그것이다. 주봉록산성과 주류성이 실제 관련이 있는지, 그리고 무제봉(武帝峰)과 '무왕종자복신(武王從子福信)'이 관련이 있는지의 여부를 떠나서 그 자신도 앞서의 연구자들과 마찬가지로 몇몇 한자의 유사

---

48) 『삼국사기』 권 36, 「雜志」 5, 地理 3. "嘉林郡 本百濟 加林郡…"
49) 『삼국사기』 권 36, 「雜志」 5, 地理 3. "黃山郡 本百濟 黃等也山郡…鎭嶺縣 本百濟 眞峴縣 景德王改名…"

성만으로 접근한 것은 아닌가 하는 점에서 아쉬움이 남는다.

이렇게 스스로도 기존의 연구자들과 마찬가지 지명의 유사성에 주목한 접근 방법을 따르다 보니 정작 중요한 고고학적 특징에 대해서는 별다른 설명을 못하고 있다. 예컨대 주봉록산성을 백제 주류성으로 비정하면서도 그것이 석성인지 토성인지조차 밝히지 않고 있다. 다만, 둘레가 3㎞에 이른다는 사실과 성내에서 '류(留)'로 읽을 수 있는 명문와(銘文瓦)가 발견된 사실을 소개하고 있는데, '류(留)'자가 써 있는 명문와는 백제 당시의 것인지조차 의심스럽고, 둘레가 3㎞에 이른다는 사실 또한 이 성곽이 과연 백제 성곽인지 의구심이 들게 한다.

백제 성곽의 규모가 어느 정도였는지를 알 수 있는 기록은 없다. 다만, 방성(方城)의 경우 가장 큰 북방성(北方城)이 약 2,450m 정도에 이르고, 가장 작은 남방성(南方城)의 경우 '방 1백 30보(方 一百 三十步)', 즉 720m에 이른다. 백제의 지방 통치조직이 방-군-현으로 이어진다고 보았을 때 군현(郡縣)에 있던 성곽은 방성(方城) 중에서 가장 작은 남방성 보다도 작아야 하는 것이 아닌가 한다.[50] 그런 점에서 주봉록산성의 둘레가 3㎞에 이른다는 사실은 그 자체 백제 성곽이 아님을 말해주는 것이다.

---

50) 徐程錫, 2000, 「백제 5方城 위치 비정 試考」, 『湖西考古學』 3 ; 2002, 『백제의 성곽』, 학연문화사, 255쪽.

VI. 맺음말

가루베는 백제와 왜의 관계에 관심이 많았다. 그 결과 백제와 왜는 문화적인 관계 뿐만 아니라 정치적·군사적으로도 밀접한 관계를 맺고 있었다고 보았다.[51] 아울러 그러한 밀접한 관계를 해명하기 위해서는 역사지리적인 접근법에 의해 당시 전적지의 정확한 위치를 밝히는 것이 급선무라고 생각하였다. 그러다보니 자연스럽게 사비도성이 나당연합군에게 함락된 후 663년까지 일어난 부흥운동을 주목하게 되었다.

이러한 인식은 가루베에게만 국한된 것은 아니고, 당시 백제에 관심을 갖고 있었던 일본 연구자들 대부분의 생각이기도 했다. 다만 연구자마다 전적지의 위치 비정이 달라서 정설이라고 할 수 있는 것이 없다보니 스스로도 이 문제에 관심을 갖게 되었던 것 같다.

다만, 가루베는 그 이전의 다른 연구자들이 사료와 지도상에 나타난 지명의 유사성만으로 전적지의 위치를 비정하는 것이 불만이었다. 현지 답사가 결여된 채 책상 위에서의 추정에 의해 이루어진 전적지 비정은 타당성이 없다고 믿었던 것이다.[52]

전적지의 위치 비정이 정확히 이루어져야만 사료의 내용을 정확히 이해할 수 있고, 그렇게 해야만 당시의 사실(史實)을 명확하게 할 수 있다고 믿었다. 그 기반이라고 할 수 있는 위치 비정이 사료나 지

---

51) 輕部慈恩, 1971, 앞의 책, 4쪽.
52) 輕部慈恩, 1971, 위의 책, 5쪽.

도상의 유사 지명만으로 이루어진다면 타당성이 없다고 보았던 것이다. 그래서 그 자신은 다른 연구자들과 달리 현지 답사를 통해 사료만으로는 알 수 없었던, 혹은 사료를 통해서 이해할 수 없었던 사실들까지 감안해서 전적지의 위치 비정을 시도하고자 하였다. 여기에 해당 성곽 자체가 갖는 축성법이나 성내에서 출토되는 유물, 그리고 유적지 주변의 전설 등도 감안해서 위치 비정이 이루어져야 함을 강조하였다.

이렇게 가루베가 백제의 성곽에 대한 관심을 갖게 된 것은 백제 성곽 그 자체를 이해하기 위한 것이라기 보다는 백제 부흥운동기 전적지의 위치를 추정하는 과정에서 자연스럽게 생겨난 것이다.

물론 그렇다고 해서 부흥운동과 관련된 전적지에만 관심을 쏟은 것은 아니고, 부흥운동과는 직접적인 관련이 없다손 치더라도 부흥운동의 전적지를 이해하는데 도움이 되는 것이라면 관심을 갖고 살펴보고자 하였다. 웅진성이나 백강(白江), 탄현(炭峴)에 대한 관심은 그렇게 해서 생겨난 것으로 보인다.

사정이 이렇다 보니 백제 성곽을 다루기는 했지만, 백제 성곽 자체에 대한 깊이 있는 이해보다는 사료상에 보이는 성곽의 위치 비정에 초점이 맞추어져 있다. 그것도 백제의 입장에서라기 보다는 일본이나 나당연합군의 입장에서 중요시 되는 전적지의 위치 비정으로 편중되어 있다.

해방 후 국내 연구자들에 의한 백제 성곽에 대한 논의는 1970년대부터 이루어졌다.[53] 그런 점에서 이 시기에 백제 성곽에 대한 깊이 있는 이해가 결여되어 있었던 것을 가루베 개인의 탓으로만 돌릴 수는 없을지도 모른다.

그러나 일본에서는 이미 1900년대부터 본격적으로 이른바 '신롱석식산성(神籠石式山城)'의 성격을 놓고 영역설(靈域說)과 산성설(山城說)로 나뉘어 치열한 논쟁이 전개되고 있었다.[54] 그 결과 한국의 고대 산성이 갖는 기본적인 특징을 바탕으로 신롱석식산성을 산성으로 볼 것을 제안하는 등[55] 산성에 대한 연구가 어느 정도 진행된 상황이었다. 더구나 1960년대에는 신롱석식산성에 대한 일단의 발굴조사가 진행되어 산성일 가능성이 새롭게 대두되기도 하였다.[56]

이러한 사실에 비추어 볼 때 백제 성곽을 다루면서도 백제 성곽이 갖는 구조적 특징이나 입지, 축성법 등에 대한 추적이 전혀 이루어지지 않은 것은 아쉬움으로 남을 수 밖에 없는 것이 아닌가 한다.*

* 이 논문은 2014, 「輕部慈恩의 백제 성곽 연구」, 『百濟文化』 51, 공주대학교 백제문화연구를 수정한 것이다.

53) 洪思俊, 1971, 「百濟城址硏究」, 『百濟硏究』 2, 충남대 백제연구소.
    成周鐸, 1974, 「大田의 城郭」, 『百濟硏究』 5, 충남대 백제연구소.
    尹武炳 · 成周鐸, 1977, 「百濟山城의 新類型」, 『百濟硏究』 8, 충남대 백제연구소.
54) 喜田貞吉, 1902, 「神籠石とは何」ぞや, 『歷史地理』 4-5.
    八木奘三郎, 1900, 「九州地方遺蹟調査報告」, 『東京人類學會雜誌』 173쪽.
55) 關野貞, 1913, 「所謂神籠石は山城址なり」, 『考古學雜誌』 4-2.
56) 鏡山猛, 1965, 『おつぼ山神籠石』 (佐賀縣文化財調査報告書 14).

5장 공주 공산성에 대한 인식

I. 머리말

주지하다시피 삼국시대 도읍지에는 다른 지역에 없는 세 가지 유적이 있다. 왕성과 왕릉과 사찰이 그것이다.

도읍지란 곧 왕이 살던 곳인만큼 왕궁이 있기 마련이다. 그리고 그러한 왕궁은 일반 민가와 뒤섞여 있는 것이 아니라 왕성 이라는 독립된 공간안에 자리하고 있었다. 그래서 다른 지역에 없는 왕성이 있게 된다. 공주로 보면 공산성이 그것이다.

왕성에서 생활하던 왕도 영원히 살 수는 없는 만큼 왕이 죽어서 묻히는 곳이 왕릉이다. 대체로 이러한 왕릉은 왕릉 하나만 독립되어 있지 않고, 하나의 군(群)을 이루게 된다. 공주의 무령왕릉원(송산리 고분군)이나 부여 왕릉원(능산리 고분군)이 그것이다.

한편, 삼국시대에는 국교가 불교였기 때문에 도읍지의 한 가운데에는 사찰이 자리하게 된다. 실제로 백제 웅진기의 도읍지였던 공주에는 대통사지가 있고, 사비기 도읍지였던 부여에는 정림사지가 있다.

이렇게 삼국시대 도읍지라는 곳에는 다른 지역에 없는 왕성, 왕릉, 사찰이 함께 모여 있는 것이 일반적이다. 2015년에 공주, 부여, 익산의 백제 유적이 유네스코 세계유산에 등재된 것도 이 세 유적에 다름 아니다.

공주도 백제 웅진기의 도읍지였던 만큼 이러한 3요소를 모두 갖고 있지만, 공주에 이렇게 세 유적이 모두 자리하고 있다는 사실이 확인된 것은 그리 오래 전 일이 아니다. 아울러 처음으로 그러한 사실을 밝힌 인물이 가루베다.

가루베의 백제 유적·유물에 대한 연구중 단연 돋보이는 것은 고분에 대한 연구였고, 그래서 흔히 고분 전문가로 알려져 있다. 실제로 백제 고분에 대한 가루베의 연구는 그 이전에 누구도 이루지 못한 새로운 경지를 개척했던 것이 사실이다.

그렇지만 가루베의 백제 고고학에 대한 관심이 고분에만 머물러 있었던 것은 아니다. 고분 이외에 성곽, 사찰 등과 같은 유적은 물론이고, 더 나아가 그러한 유적에서 습득한 토기나 기와, 벽돌에 대해서도 돋보이는 연구 업적을 남겼다.

뿐만 아니라 건축, 조각, 공예 분야에 있어서도 이 분야 연구에 반드시 참고해야 할 정도의 훌륭한 업적을 남겨 놓았다. 백제 고고학과 미술사 전 분야에 걸쳐 조사와 연구가 이루졌다고 해도 과언이 아니다.

이러한 가루베의 백제 유적·유물에 대한 인식은 『百濟美術』[1]과 『百濟遺跡の硏究』[2]에 잘 남아 있는데, 여기에서는 이 두 권의 저서를 바탕으로 가루베의 공주 공산성에 대한 인식을 살펴보고자 한다.

---

1) 輕部慈恩, 1946, 『百濟美術』 寶雲舍.
2) 輕部慈恩, 1971, 『百濟遺跡の硏究』 吉川弘文館.

Ⅱ. 공산성에 대한 이해

근대적인 연구 방법으로 공산성에 대해 체계적으로 접근한 최초의 인물이 바로 가루베다. 〈그림 1〉에서 보는 바와 같이 공산성 안팎을 세밀하게 조사하여 웅진기 백제 왕의 왕궁이 공산성 안에 있었다는 주장을 최초로 제시했을 뿐만 아니라 『삼국사기』에 등장하는 임류각지(臨流閣址)의 위치나 임류각을 세우면서 그 옆에 만들었다는 연못의 위치를 추정하기도 하였다.[3]

공산성에 대한 그의 이러한 지견은 1970년대 말에 백제문화권개발사업의 일환으로 공산성이 본격적으로 조사되기 이전까지 유일한 공산성에 대한 조사·연구 자료였다.[4] 1970년대 말에 진행된 백제문화권개발사업에 공산성이 포함되고, 공산성에 대한 조사와 연구가 다른 유적보다 앞서 갈 수 있었던 것도 사전에 가루베의 조사와 연구가 있었기 때문에 가능했다고 해도 과언이 아니다.[5]

가루베는 공산성을 웅진성(熊津城)의 중심 산성으로 이해하였다.[6] 웅진성이란 좁게 보면 공산성을 가리키는 말이 되지만, 좀 더 넓게 보면 공산성을 포함하여 공주시내에 있었던 나성(가루베는 공주에도 나성이 있다고 보았다)과 나성 밖의 고분군, 그리고 나성 안팎에 자리

---

3) 輕部慈恩, 1971, 『百濟遺跡の研究』, 吉川弘文館, 20~25쪽.
4) 윤용혁, 2010, 앞의 책, 서경문화사, 48쪽.
5) 안승주, 1978, 「공산성내의 유적」, 『백제문화』 11, 공주대 백제문화연구소.
   안승주, 1978, 「공산성에 대하여」, 『미술사학연구』 138 139, 미술사학연구.
6) 輕部慈恩, 1971, 『百濟遺跡の研究』, 吉川弘文館, 20~25쪽.

하고 있었던 사찰을 모두 포함한 개념으로 사용하였다. 웅진성을 단순히 하나의 방어시설로만 파악한 것이 아니라, 그러한 방어시설을 포함한 일정 공간을 지칭하는 개념으로 사용한 셈이다.

웅진성에 대한 이러한 인식은 대단히 획기적이라 하지 않을 수 없다. 일반적으로『삼국사기』를 비롯한 사료에 등장하는 '○○성(城)'은 방어시설로만 이해하기가 쉽다. 사료에 '○○성' 이라고 나오는 만큼 공산성이나 삼년산성처럼 산 위에 자리하고 있는 '산성'으로 이해하는 것이 보통이다.

그런데 사료에 등장하는 '○○성'은 단순히 산 위에 자리하고 있는 산성만을 가리키는게 아니라 그러한 방어시설로써의 성곽을 포함한 일정 공간을 지칭하는 말이다.[7] 다시 말해서 단순히 방어시설만을 뜻하는 것이 아니라 그러한 방어시설을 포함한 일정 공간을 가리키는 '지역단위'이기도 했던 것이다.[8]

가루베 또한 웅진성을 단순히 공산성만을 뜻하는 것이 아니라 공산성만을 포함한 공주시의 원도심 전체를 가리키는 뜻으로 이해하고 있었다.

가루베는 그러한 웅진성의 핵심시설로 공산성을 꼽았다. 그래서 그런지 공산성 주변을 꼼꼼히 조사하고, 그 결과를 <그림 1>과 같이 발표하였다.

먼저, 가루베는 A지점을 백제 당시의 왕궁지로 추정하였다.[9] 거기에

---

7) 李宇泰, 1981,「新羅의 村과 村主」,『韓國史論』7, 서울대 국사학과, 86~89쪽.
8) 盧重國, 1988,『百濟政治史研究』, 일조각, 238쪽.
9) 輕部慈恩, 1971,『百濟遺跡의 研究』, 吉川弘文館, 21쪽.

는 몇 가지 이유가 있었다. 예컨대 이곳이야말로 옥룡리(玉龍里)의 바로 위쪽에 해당한다는 사실, 〈그림 1〉에서 보이는 B지점이 궁정(宮庭)을 지키는 병사(兵舍)가 있었던 곳이라는 사실, A와 B의 중간 지점이라고 할 수 있는 E지점에 사철 마르지 않는 우물이 있다는 사실, 또 A지점의 동쪽이자 C지점의 북쪽 일대에 임류각지(臨流閣址)와 관련된 궁원지(宮苑址)가 있었다는 사실을 꼽고 있다. A지점의 아래쪽이 옥룡리 이거니와 이러한 지명은 왕궁 앞에 붙는 경우가 많다고 본 것이다.

무엇보다도 가루베가 A지점을 추정 왕궁지로 꼽은 가장 큰 이유는 이곳에서 '웅진관(熊津官)', '웅천관(熊川官)', '관(官)' 등과 같은 명문와(銘文瓦)가 출토되었기 때문이다. 가루베는 여러 사료를 통해 공주 지역을 백제 당시에는 '웅진', 혹은 '웅천' 등으로 불렀다고 보았다. 그

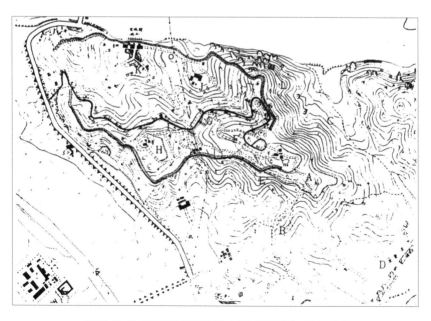

〈그림 1〉 공산성 평면도(輕部慈恩, 1971, 『百濟遺跡の研究』에서)

런 점에서 '웅진관(熊津官)'이나 '웅천관(熊川官)'과 같은 명문와가 출토되는 A지점이야 말로 웅진기 백제 왕궁지가 있었던 곳이라고 본 것이다. 더구나 이러한 명문와 중에서 품격과 제작기법이 우수한 것은 A지점과 C지점에서만 발견되었는데, C지점이 공산성 밖인데 비해 A지점은 공산성 내부인 만큼 A지점을 왕궁지로 추정하였다.

사실 A지점은 토성벽으로 돌려져 있을 뿐만 아니라, 그 안에 상하 2단으로 조성된 건물지가 있어 많은 건물이 들어설 공간이 있는 곳이다. 그래서 동서 120m, 남북 70m 정도에 불과한 넓지 않은 공간이지만, 이곳을 왕궁지로 추정하였다. 더구나 이 부분에는 남쪽에 문지(門址)가 있고, 서쪽으로는 공산성 본성(本城)으로 통하는 길이 개설되어 있어 왕궁지일 가능성이 더더욱 높다고 판단하였다.

〈그림 2〉 공산성 A지점출토 명문와

B지점은 A지점의 바로 남쪽에 해당된다. A지점에서 남쪽으로 남문(南門)을 나서면 바로 그 앞에 설상대지(舌狀台地)의 형태로 자리하고 있다. 그런 점에서 가루베는 A지점과의 관계를 놓고 볼 때 A지점을 지키는 호위 무사들이 있었을 것으로 보았다. 그렇게 본 이유는 이곳에서 '궁장(弓杖)'이라는 명문와가 발견되었기 때문이다. '궁장'은 곧 '활을 지팡이 삼아 짚다'는 뜻인 만큼 그 자체 왕궁을 지키던 무사를 가리키는 말이라고 이해했던 것이다. 더구나 이러한 명문와는 이곳 이외의 지역에서는 보이지 않았기 때문에 그래서 더더욱 이곳을 왕궁을 호위하는 병사(兵舍)로 파악하게 되었다.

C지점은 공산성과 옥녀봉 사이의 계곡부에 해당된다. 가루베는 이곳을 궁원지(宮苑址)로 보았다. 이곳은 좌우로 공산성과 옥녀봉이 있어 좁은 골짜기에 해당되지만, 북쪽으로는 금강으로 통하고, 남쪽으로는 곧바로 옥룡리와도 연결되는 곳이다. 뿐만 아니라 왕궁지로 추정한 A지점에서 B지점을 지나 쉽게 연결될 수 있는 곳이기도 하다. 그렇기 때문에 이곳을 궁원지로 추정하였다.

가루베가 이곳을 궁원지로 추정한 이유는 이 밖에도 몇 가지가 더 있다. 우선 이곳에서도 A지점(추정왕궁지)과 마찬가지로 '관(官)'자가 새겨진 기와가 발견되고 있어 A지점과 밀접한 관련이 있는 곳임을 유추해 볼 수 있다는 점이다.

또한 이곳에는 자연적으로 형성된 단애면에 인공을 가해서 만든 폭포가 있고, 그 앞에 대형 초석이 여러 점 노출되어 있었다. 아울러 그 당시에 규모가 꽤 큰 연못이 이곳에 자리하고 있었던 것도 이곳을 궁원지로 추정한 이유중 하나 였다.

이렇게 C지점을 백제 궁원지로 보게 되면 자연스럽게 『삼국사기』 「백제본기」 동성왕 22년조 기사가 주목된다. 여기에서 보면 '왕궁 동쪽에 임류각(臨流閣)을 세우니 그 높이가 5장이었으며, 또 연못을 파고 기이한 동물을 길렀다'고 되어 있다. 이것이야말로 백제 웅진기 궁원(宮苑)의 모습이었다고 할 수 있는데, 그런 점에서 동성왕 22년조 기사에 보이는 궁원지를 C지점으로 추정하였다.

실제로 가루베는 C지점에서 가까운 L지점을 곧 임류각지(臨流閣址)로 보았다. 일찍이 L지점에서는 '임류각'이라고 새겨진 기와가 발견된 일이 있는데, 그 때문에 이곳을 임류각지로 추정하였던 것이다. 그러다보니 자연스럽게 C지점을 궁원지로 추정할 수 있었던 것이 아닐까 한다.

가루베는 F지점을 관아와 관련된 건물이 있었던 곳으로 보았다. 이곳은 원래 고려시대에서 조선시대에 걸쳐 망월사(望月寺)라는 절이 있던 곳인데, '웅진관(熊津官)', '웅천관(熊川官)', '관(官)'과 같은 명문와(銘文瓦)가 모두 이곳에서 발견되었기 때문이다.

그런데 이곳은 현재 발굴조사를 통해 임류각지(臨流閣址)로 알려져 있다.[10] 발굴조사를 통해 임류각을 뜻하는 '류(流)'자명 기와편이 출토되고, 가로 세로의 길이가 같은 방형의 건물지가 발견되었기 때문이다. 그 안에 초석이 빼곡이 들어차 있어 2층 이상의 공간을 활용한 건물임이 확인되었다. 누각형의 건물이었던 것이다.

G지점은 창고가 있던 곳으로 보았다. 이곳에서는 기대편(器台片)이라

---

10) 안승주, 1980, 『公山城』 공주대학교 백제문화연구소.

든가 금동봉황형파수(金銅鳳凰形把手), 금동제개물(金銅製蓋物) 등 우수한 유물이 다수 출토된 곳이다. 지형 자체가 협소한 곳인데도 불구하고 이렇게 훌륭한 유물이 출토되었다는 점에서 의아스러운 면이 없지 않다. 다만, 조선시대 고지도(古地圖)에 군향고(軍餉庫)가 있었던 곳으로 표시되어 있기 때문에 그 옛날부터 무언가 창고와 같은 건물이 있었던 것이 아닐까 추정하고 있다. 그러나 최근 발굴조사를 통해 이곳에는 8각 건물지와 12각 건물지가 자리하고 있는 것이 확인되었다.[11]

H지점은 현재의 쌍수정 앞 광장에 해당된다. 산성내에서 가장 넓은 평탄면이 조성된 곳인데, 당시에 이미 공주지역의 공설운동장처럼 이용되고 있었다고 한다.

1935년 6월에 이 운동장을 좀 더 넓게 확장하는 과정에서 사방 1m 크기의 사각형 초석 20여 개가 노출된 일이 있다. 아울러 이곳에서는 8엽단판연화문 와당과 치미가 출토된 일이 있는데, 그 때문에 가루베는 이곳을 백제시대 절터의 하나로 판단하였다.

이곳에 대해서는 1985년부터 연차적인 조사가 이루어졌다. 그 결과 굴립주(掘立柱) 건물지와 초석 건물지, 돌로 쌓은 원형연못, 저장 시설 등이 발견되어 지금은 웅진기 백제 왕궁터로 추정하고 있다.[12]

I지점은 H지점에서 북쪽으로 넘어간 북사면에 해당되는 곳으로, 단애면을 약간 정지해서 평평하게 만들었다. 지형적으로는 그다지 좋은 장소라고 할 수 없는 곳이다.

---

11) 安承周·李南奭, 1995,『公山城 建物址』, 공주대 박물관.
12) 安承周·李南奭, 1987,『公山城內 推定王宮址 發掘調査報告書』, 공주대 박물관.

그런데 1932년에 공산성 내의 유람 도로를 개설할 때 이곳도 발굴한 일이 있다. 그 때 백제 굴립주(掘立柱) 건물지를 조사하였다. 당시 조사된 건물지는 2동으로, 저장구덩이에서 어망추가 42점이나 출토되었고, 납석제용기 1점, 8엽단판연화문 와당 1점, 백제토기 1점, 파수부토기 1점 등이 무더기로 출토되었다.

이외에 이 건물의 바로 서쪽 옆에서 백동제의 초두 1점과 원형 벼루 1점 등이 출토되기도 하였다.

Ⅲ. 공산성에 대한 인식의 검토

백제 유적에 대한 조사가 처음 이루어진 것은 1909년부터 1915년까지 진행된 세키노타다시(關野貞) 일행의 고적 조사라 할 수 있다. 그 후 해방이 될 때까지 백제 유적·유물에 대한 조사는 일제 관학자들에 의해 이루어졌다.

그 때 백제 성곽이 중점적으로 조사·연구된 시기는 없었다. 그런 점에서 가루베가 공산성을 주목한 것은 그 자체만으로도 의미를 부여할 수 있는 일이 아닌가 한다.

뿐만 아니라 가루베는 단순히 공산성에 대한 관심에 그치지 않고, 공주의 나성(羅城) 이라든가 사비성(泗沘城), 주류성(周留城) 등에 대해서도 관심을 갖고 다방면으로 분석하였다.[13]

---

13) 서정석, 2014, 「輕部慈恩의 백제성곽 연구」, 『百濟文化』 51 백제문화연구소.

이렇게 가루베는 백제 성곽을 고분이나 사찰과 마찬가지로 백제사를 연구하는 하나의 연구 분야로 보고, 그에 대한 체계적인 조사와 연구를 시도하였다. 그런 점에서 그의 공산성에 대한 연구는 의미와 한계를 동시에 갖고 있었다고 할 수 있다.

먼저, 가루베는 공산성을 백제 웅진기의 가장 중심적인 유적 중 하나로 파악하였다. 지금은 공산성을 백제 유적으로 의심하는 연구자가 아무도 없지만, 사실 1910년대 중반까지만 해도 공산성내에서 백제 유물이 전혀 발견되지 않아 이것이 백제 성곽인지조차 알지 못했다.

그런 점에서 가루베의 공산성에 대한 인식은 그 이전의 연구자보다 한 단계 진전된 것임에 틀림없다. 사료에 보이는 '웅진성'을 공산성으로만 이해하지 않고, 공산성을 포함한 그 주변의 고분과 사찰, 그리고 공주 원도심을 에워싼 나성까지를 포함하는 개념으로 이해했다는 점에서 이러한 사실은 좀 더 분명해진다.

아울러 가루베가 공산성을 백제 웅진성의 중심 성곽으로 인식하게 것은 1935년 쯤이 되어서라고 하는데,[14] 그가 공산성을 백제 웅진성의 중심 성곽으로 이해한 까닭은 웅진기 백제 왕궁이 공산성 안에 있었다고 믿었기 때문이다.

가루베가 본격적으로 조사와 연구를 시작한 1930년대 이전까지만 해도 한국의 도성에 대한 일제 관학자(官學者)들의 인식은 평지성과 산성이 하나의 세트를 이루고 있었다는 것이었다.[15] 곧 산 기

---

14) 輕部慈恩, 1935, 「公州に於ける百濟の遺蹟」, 『忠南鄉土誌』, 1~8쪽.
15) 關野貞, 1911, 「南鮮旅行談」, 『史學雜誌』22-2, 97쪽.

늪에 왕궁을 축조하고, 그 배후에 방어용의 산성을 배치하여 이 양자가 도성을 이루고 있었다고 본 것이다. 그런 점에서 공산성 안쪽에 왕궁이 있었을 것으로 본 가루베의 견해는 어떤 면에서는 획기적이라는 생각마저 든다. 다만 그러면서도 몇 가지 아쉬운 점이 있다.

첫째는 〈그림 1〉의 A지점을 왕궁지로 추정하였다는 사실이다. 이곳은 〈그림 1〉에서 보듯이 지나치게 동쪽으로 치우친 곳이다. 가루베 자신이 지적하였듯이 공산성에서 지형이 가장 완만한 곳이어서 외부에서 공산성으로 접근할 때 가장 쉽게 접근할 수 있는 곳이기도 하다.

또한 그 자신은 이곳에 상·하단으로 평탄면이 조성되어 있어 많은 건물이 들어설 수 있었을 것으로 보았지만, 사실 이곳은 동서 20m, 남북 70m의 좁은 공간이다. 게다가 다시 작은 구릉이 솟아 있어 실질적으로 건물이 들어설 수 있는 평탄면은 그다지 많지 않은 것이 사실이다.

무엇보다도 가루베 자신이 왕궁과 관련된 것으로 굳게 믿었던 '웅진관(熊津官)', '웅천관(熊川官)', '관(官)' 등의 명문와는 왕궁과 관련이 없을 뿐만 아니라 모두가 통일신라 시기의 유물이다. 백제와는 관련이 없는 유물인 셈이다.[16]

게다가 최근의 연구에 의하면 이러한 '지명(地名)+관(官)'명 명문와가 출토되는 성곽은 통일신라 시기 그 지역의 치소(治所)였던 곳을

---

16) 安承周·李南奭, 1987, 『公山城 百濟 推定王宮址 發掘調査報告書』, 공주대 박물관.

의미한다.[17]

그런 점에서 공산성에서 출토된 '웅진관'이나 '웅천관'은 공산성이 통일신라 때 웅천주(熊川州)의 치소였음을 의미하는 것은 될지 몰라도 백제 왕궁이 있던 곳임을 입증해 주는 것은 아니다.

두 번째로 임류각지를 공산성 주변에서 찾고자 한 것도 대단히 의미있는 견해라고 하지 않을 수 없다.

〈그림 1〉을 통해서 알 수 있듯이 공산성에 대해서 가장 체계적으로 접근한 최초의 인물이 바로 가루베다. 〈그림 1〉에서 보는 바와 같이 공산성과 그 주변을 A~L로 나누어 각각의 현황을 살펴보고, 그 성격을 추론하고 있다. 산성이 자리한 산봉(山峰)의 지형도를 제시하면서 성곽 주변의 지형을 통해 성곽을 이해하고자 한 방법론도 유의미하지만, 성내에서 출토되는 유물을 각각 그 위치별로 분류하여 그것을 문헌기록과 비교 검토하였다. 그리고 그 과정에서 임류각지의 위치를 〈그림 1〉의 L지점으로 추정하였다.

『삼국사기』「백제본기」동성왕 22년조 기사에 의하면, 백제는 이때 왕궁 동쪽에 높이 5장의 임류각을 세웠다고 한다.[18] 아울러 그해 5월에 동성왕이 이 임류각에서 근신들과 더불어 밤새도록 연회를 즐겼다고 한다.[19] 이로써 볼 때 임류각은 왕이 근신들과 더불어 연회를 즐길만한 위치에 있었던 것을 알 수 있다.

가루베는 이러한 『삼국사기』 기록을 주목하여 L지점이 바로 임류

---

17) 차순철, 2002, 「官字銘 銘文瓦의 使用處 檢討」 『慶州文化研究』 5, 경주대 문화재연구소.
18) 『三國史記』 권 26, 「百濟本紀」 4, 東城王 22년조. "春 起臨流閣於宮東…"
19) 『三國史記』 권 26, 「百濟本紀」 4, 東城王 22년조. "五月 旱 王與左右宴流閣 終夜極歡"

각지 라고 주장하였다. C지역에 있었다고 하는 궁원(宮苑)이나 L지점 주변에서 수습한 '류(流)'자명 기와를 적극적으로 활용하여 임류각의 위치를 추적하였던 것이다.

물론 가루베가 든 '류'자명 기와는 실은 통일신라 때 것이라서 백제와는 무관한 것이다. 게다가 그 비슷한 유물이 〈그림 1〉의 F지점 부근에서도 발견되어 현재는 이곳을 임류각지로 보고 있다.[20] 그런 점에서 가루베의 견해는 수정할 필요가 있다.

무엇보다도 L지역을 임류각터라고 하면 왕궁지로 추정하는 A지역과 방향이 맞지 않게 된다. 『삼국사기』에 의하면 임류각은 왕궁의 동쪽에 세웠다고 하는데,[21] L지역은 A지역의 북쪽이지 동쪽이 될 수는 없기 때문이다. 그런 점에서 L지역을 임류각터로 본 것은 잘못이라는 생각이다.

세 번째로, 가루베에 의하면 지금의 쌍수정 앞 광장의 동쪽 끝에 사방 1m 정도 크기의 대형 초석이 쌓여 있었다고 한다.[22] 1935년 6월에 있었던 일인데, 그 며칠 뒤 그것을 실측하기 위해 같은 장소를 찾았을 때에는 초석이 이미 다른 곳으로 운반된 뒤였다고 한다.

이 초석은 가루베의 증언처럼 정확한 조사가 이루어지지 않은 상태에서 폐기되어 잘 알 수는 없지만, 그 위치로 볼 때 추정왕궁지에서 출토된 것이 분명해 보인다.

쌍수정 앞 광장에 대한 조사는 1985~1986년에 이루어졌다. 이 때

---

20) 安承周, 『公山城』, 공주대학교 박물관, 1982.
21) 『三國史記』 권 26, 「百濟本紀」 4, 東城王 22년조. "春 起臨流閣於宮東…"
22) 輕部慈恩, 1946, 『百濟美術』, 寶雲舍, 78~79쪽.

<그림 3> 공산성 추정왕궁지

2칸×5칸 건물지와 4칸×6칸 건물지가 확인되었는데, 적심은 있지만 초석이 유실된 상태였다.[23] 그런 점에서 가루베가 1935년 봄에 우연히 보았다는 초석들은 바로 이곳에 있었던 초석이 아니었을까 한다. 이곳에 있었던 초석이 운동장을 만드는 과정에서 모두 제거되어 쌍수정 앞 광장의 동쪽 끝에 함께 모아져 있었던 것으로 생각된다.

그런데 해방 후 한 때 공산성 진남루 바로 아래쪽의 구시외버스터미널 자리 일대가 왕궁지로 거론된 적이 있다.[24] 이곳이 왕궁지로 추정된 것은 이곳에서 초석 2개가 발견되었기 때문인데, 그 초석은

23) 안승주 · 이남석, 1987, 『百濟推定王宮址 發掘調査報告書』, 공주대학교 박물관.
24) 김영배, 1968, 「熊川과 泗沘城時代의 百濟 王宮址에 대한 考察」, 『百濟文化』 2, 공주대 백제문화연구소, 14~15쪽.

〈사진 1〉 공산성 추정왕궁지 적심석 노출 장면

사방 1m 정도 크기의 방형 초석이었다. 이 초석이 어떻게 해서 공산성 진남루(鎭南樓) 아래에 자리하고 있었는지는 정확히 알 수 없지만, 가루베의 증언을 따르자면 쌍수정 동쪽 끝에 모여 있던 초석 중 일부가 성벽 바깥쪽으로 운반되어 그곳에 남아 있었던 것이 아닐까 한다.

실제로 공산성 진남루 밖의 구시외버스터미널 자리 일대에 대해서는 발굴조사가 이루어진 적이 있는데, 이렇다할 건물지의 흔적이 전혀 발견되지 않았다. 다시 말해서 그 일대에서 발견된 2개의 대형 초석은 실은 유적과 상관없이 그곳에 놓여 있던 것임이 확인되었다. 그런 점에서도 이 2개의 초석은 원래부터 그곳에 있었던 것이 아니라 원래는 쌍수정 앞 광장에 있던 것인데, 어떠한 이유 때문에 이곳으로 이동된 것으로 생각된다. 따라서 이 2개의 초석에 근거해서 구시 외버스터미널 자리 일대로 왕궁지를 추정한 견해는 이제 재고할 필요가 있는 것이 아닌가 한다. 가루베의 증언은 그런 점에서 결정적인 단서를 제공한 셈이다.

Ⅳ. 맺음말

일반적으로 가루베는 백제 고분을 연구한 연구자로 알려져 있다. 그가 백제 고분을 전문적으로 연구한 것은 틀림없지만, 백제 고분 이외에도 성곽과 사찰, 기와, 토기, 조각, 공예 등 다방면에 걸쳐 연구를 진행하였다. 공산성에 대해서도 마찬가지다.

그는 공산성에 대해 체계적인 조사와 연구를 시도한 최초의 인물이다. 그가 활동하던 시기만 해도 공산성에 대해서는 이렇다할 연구가 거의 이루어지지 않았었다. 공산성이 백제 산성 이라는 사실만을 겨우 확인한 정도였다.

그러한 때 가루베는 단편적으로 남아 있던 『삼국사기』 기록을 참고하고, 조선시대의 고지도(古地圖)와 대조하면서 공산성에 대한 연구를 진행하였다. 성내에서 출토되는 유물을 부여지역에서 출토되는 유물과 비교 검토하는 작업도 또한 잊지 않았다.

이러한 작업을 통해 가루베는 공산성이 백제 웅진성의 핵심 유적일 뿐만 아니라 왕궁지도 공산성 안에 있을 것으로 추정하였다. 구체적으로 토성으로 되어 있는 이른바 '외성벽'의 안쪽이라고 보았다. 대부분의 성벽이 석성으로 되어 있고, 동벽 일부만 토성의 형태로 되어 있는 것에 주목하여 동쪽 부분의 토성만이 백제 때 축조된 것이고, 나머지 성벽은 고려시대 이후 주로 조선시대에 축조된 것으로 판단하였다. 뿐만 아니라 『삼국사기』에 등장하는 임류각(臨流閣)의 위치를 추적하기도 하였다.

백제 성곽에 대한 본격적인 논의가 1970년대부터 이루어진 사실[25]을 감안해 볼 때 가루베의 공산성에 대한 관심은 실로 '획기적' 이라고 해도 과언이 아니다. 특히 공산성 내부에서 당시의 왕궁지를 찾고자 하였던 노력이나 쌍수정 앞 광장의 동쪽 끝에 쌓여 있었다고 하는 초석의 존재는 오늘날의 공산성 연구에 있어서도 참고해야할 지적이 아닌가 한다.

다만 왕궁지를 성내에서 찾았으면서도 이른바 '외성벽' 안쪽 이라는 지극히 협소하고, 또 동쪽으로 치우친 지점을 후보지로 꼽은 점, 왕궁지의 위치 비정을 하면서 통일신라 때 제작된 유물을 근거로 삼은 점, 그리고 '류'자명 기와의 출토지만을 중시하여 임류각지(臨流閣址)의 위치를 추정한 점 등은 재검토할 필요가 있는 것이 아닌가 한다.

25) 洪思俊, 1971, 「百濟城址硏究」, 『百濟硏究』2, 충남대 백제연구소.
　　成周鐸, 1974, 「大田의 城郭」, 『百濟硏究』5, 충남대 백제연구소.
　　尹武炳·成周鐸, 1977, 「百濟山城의 新類型」, 『百濟硏究』8, 충남대 백제연구소.

6장 백제 대통사 연구

I. 머리말

일반적으로 가루베는 백제 고분 연구자로 알려져 있고, 실제로 백제 고분에 대한 뚜렷한 족적을 남기기도 했지만,[1] 그가 가장 큰 관심을 가졌던 분야는 사실 불교 사원이다. 그도 그럴 것이 그는 1897년 일본 야마가타현(山形縣)의 자은사(慈恩寺) 구가(舊家)에서 태어났다. 그래서 본명은 가루베케시로(輕部啓四郞)였지만, 고향집의 사찰 이름을 따서 '자은(慈恩)'이라는 이름을 사용하여 우리가 알고 있는 가루베지온(輕部慈恩)이 되었다.[2] 탄생부터가 불교 사원과 깊은 인연이 있었던 것이다.

---

1) 輕部慈恩, 1933,「公州に於ける百濟古墳」(一),『考古學雜誌』23-7.
   輕部慈恩, 1933,「公州に於ける百濟古墳」(二),『考古學雜誌』23-9.
   輕部慈恩, 1934,「公州に於ける百濟古墳」(三),『考古學雜誌』24-3.
   輕部慈恩, 1934,「公州に於ける百濟古墳」(四),『考古學雜誌』24-5.
   輕部慈恩, 1934,「公州に於ける百濟古墳」(五),『考古學雜誌』24-6.
   輕部慈恩, 1934,「公州に於ける百濟古墳」(六),『考古學雜誌』24-9.
   輕部慈恩, 1936,「公州に於ける百濟古墳」(七),『考古學雜誌』26-3.
   輕部慈恩, 1936,「公州に於ける百濟古墳」(八 完),『考古學雜誌』26-4.
2) 윤용혁, 2005,「輕部慈恩의 공주 백제 문화 연구」,『百濟文化』34, 공주대 백제문화연구소 ; 2010,『가루베지온의 백제 연구』, 서경문화사, 12~13쪽.

그래서 그런지 공주에 정착하고 난 다음에 처음 발표한 글도 백제 고분이 아닌 불교 사원에 관한 것이었다. 백제 고분에 대한 글을 발표한 것이 1930년부턴데,[3] 그에 앞서 서혈사(西穴寺)와 남혈사(南穴寺)에 대한 글을 발표하였다.[4] 그가 공주에 처음 정착한 것이 1927년이었던 만큼 불과 2년만에 불교 사원에 대한 글을 발표했던 것이다. 그 만큼 공주 정착 후 공주지역을 열심히 답사했다는 의미가 되기도 하지만, 불교에 대한 관심이 처음부터 남달랐다는 의미도 될 것이다.

불교에 대한 지대한 관심은 그 이후에도 이어져 금성보통학교(錦城普通學校)(현 공주교육대학교 부속 초등학교) 주변의 제민천(濟民川) 동쪽에서 백제식의 석불광배(石佛 光背)를 발견·보고하기도 하였고,[5] 백제 기와에 대해 관심을 나타내기도 하였다.[6]

이렇게 불교 사원에 특별한 관심을 갖고 있었던 가루베였기 때문에 그가 백제 대통사(大通寺)에 주목한 것은 어쩌면 당연한 것이었는지도 모른다. 문헌 기록에만 있을 뿐 실체를 잘 알 수 없었던 대통사를 수면 위로 끄집어 냄으로써 오늘날까지도 우리가 대통사에 대해서 논의할 수 있는 계기를 마련하였다.

3) 輕部慈恩, 1930,「樂浪の影響を受けた百濟の古墳と塼」,『考古學雜誌』20-5.
4) 輕部慈恩, 1929,「百濟の舊都熊津に於ける西穴寺及南穴寺址」(一),『考古學雜誌』19-4.
   輕部慈恩, 1929,「百濟の舊都熊津に於ける西穴寺及南穴寺址」(二),『考古學雜誌』19-5.
5) 輕部慈恩, 1929,「百濟の舊都熊津發見の百濟式石佛光背に就いて」,『考古學雜誌』20-3.
6) 輕部慈恩, 1932,「公州出土の百濟系古瓦に就」いて,『考古學雜誌』22-6.

II. 대통사 위치 비정

공주에 백제 대통사가 있었던 사실은 문헌 기록과 고고학 자료를 통해 확인해 볼 수 있다. 먼저 문헌 기록을 살펴보면 다음과 같다.[7]

A-① 또 대통(大通) 원년(元年) 정미(丁未)에 양나라 황제를 위하여 웅천 주(熊川州)에 절을 세우고, 절 이름을 대통사(大通寺)라 하였다.

② (웅천(熊川)은 곧 공주(公州)이니 당시는 신라에 속하였기 때문이다. 그러나 아마도 정미년(丁未年)은 아니고, 중대통(中大通) 원년(元年) 인 기유년(己酉年)에 세웠을 것이다. 홍륜사(興輪寺)를 세우던 정미 년(丁未年)에는 다른 고을에까지 절을 세울 여유가 없었을 것이다.)

주지하다시피 사료 〈A〉는 이차돈의 순교와 법흥왕의 불교 공인을 전하는 『삼국유사(三國遺事)』의 기록 말미에 붙어 있는 기사다. 〈A-①〉은 『삼국유사』의 편찬자인 일연 스님이 참고한 자료를 옮긴 본문에 해당되고, 〈A-②〉는 그 본문에 대한 일연 스님의 견해를 밝힌 것이다. 사료 〈A〉를 통해 대통(大通) 원년(元年)(527)에 양나라 무제(武帝)를 위해 공주에 대통사라는 사찰을 창건한 사실을 알 수 있다.

그런데 〈A〉의 기사는 몇 가지 점에서 의심스러운 부분이 있다.

먼저, 이미 여러 연구자들에 의해 지적된 것처럼 〈A〉의 기사가 신라 법흥왕이 불교를 공인한 사실을 전하는 부분에 들어 있다. 이

---

7) 『三國遺事』권3, 「興法」3, 原宗興法厭髑滅身條.

렇게 되면 공주에 대통사를 창건한 인물은 법흥왕이 되는 셈이다. 대통사가 창건되었다는 대통 원년인 527년은 백제 웅진기에 해당되는 만큼 법흥왕이 공주에 대통사를 창건할 수는 없다. 명백한 착오라고 볼 수밖에 없다.

두 번째는 그럼에도 불구하고 무슨 이유 때문인지 일연 스님은 이 것을 그대로 받아들이고 있다는 사실이다. 다만 그 창건 시기는 정미년(丁未年)(527)이 아니라 기유년(己酉年)(529)일 것이라고 보았다. 그 이유는 대통사가 창건된 527년은 경주에 흥륜사(興輪寺)가 창건된 해 인 만큼 같은 해에 경주에도 사찰을 짓고, 또 공주에도 사찰을 짓지 는 않았을 것이라고 판단하였던 것이다.

그러나 그것은 어디까지나 공주가 신라 땅이라는 전제 하에서 나 가능한 만큼 받아들일 수 있는 견해가 아니다. 당시 공주는 신라 땅이 아니었기 때문에 일연 스님의 견해는 말 그대로 기우(杞憂)일 뿐이다.

흥미로운 것은 대통사의 창건 시기를 527년이 아니라 529년일 것으로 본 것이다. 일연 스님이 대통사의 창건 시기를 529년으로 본 것은, 그 해가 중대통(中大通) 원년(元年)이었기 때문이다. 다시 말해서 일연 스님은 대통사(大通寺)라는 사명(寺名)이 대통(大通)이라는 연호에서 비롯된 것으로 판단한 듯하다. 그래서 대통(大通) 원년(元年)이 아니면 중대통(中大通) 원년(元年)이기라도 해야 한다고 보았던 것이다.

결국 〈A〉의 기사는 527년에 공주에 대통사를 창건하였다는 사실 이외에는 그대로 따르기 어려운 것이다. 그래서 그런지 일연 스님의 주장에도 불구하고 대체로 527년에 대통사가 창건된 것으로 이

해하고 있다.[8]

이러한 대통사에 최초로 관심을 가진 인물이 가루베였다. 1927년 1월에 공주에 정착한 가루베는 문헌 기록부터 검토하기 시작했던 것 같다. 그때까지 공주에는 백제 유적이라고 알려진 것이 없었던 만큼 웅진기 백제 유적은 그 자신이 찾아내지 않으면 안 되었다. 그래서 문헌 기록을 검토했던 것 같다. 1927년에 무령왕릉원이 알려졌을 때 이것을 백제 왕릉이라고 판단한 것도 『신증동국여지승람(新增東國輿地勝覽)』의 기록을 참고한 결과였다.[9]

<A>와 같은 사료가 『삼국유사』에 남아 있는 것을 찾아낸 것도 가루베였다. 당연히 신라 법흥왕 때 신라에 의해 대통사가 공주에 창건된 것은 명백한 착오라고 보았다.[10] 다만 이때까지만 해도 대통사에 대해서는 더 이상 연구를 진행시키지 못하였다. 『삼국유사』에 대통사가 나오고, 그것이 공주에 있었던 사찰임에는 틀림없지만, 그

---

8) 이남석, 2002, 「百濟 大通寺址와 그 出土 遺物」, 『湖西考古學』 6·7합집.
　　조원창·박연서, 2007, 「大通寺址 出土 百濟 瓦當의 型式과 編年」, 『百濟文化』 36, 공주대 백제문화연구소.
　　박현숙, 2011, 「百濟 熊津期의 정국과 大通寺의 창건」, 『韓國史研究』 155.
　　서정석, 2011, 「백제 熊津王都와 大通寺址」, 『韓國史研究』 155.
　　조윤재, 2011, 「백제와 梁의 교섭과 大通寺」, 『韓國史研究』 155.
　　소현숙, 2019, 「聖王의 大通寺 創建과 梁 武帝」, 『百濟文化』 60, 공주대 백제문화연구소.
　　노중국, 2019, 「백제 성왕과 대통사」, 『百濟文化』 60, 공주대 백제문화연구소.
　　조원창, 2021, 『성왕, 공주에 대통사를 세우다』, 서경문화사.
9) 輕部慈恩, 1934, 「公州に於ける百濟古墳」(三), 『考古學雜誌』 24-3, 38쪽.
10) 輕部慈恩, 1929, 「百濟の舊都熊津に於ける西穴寺及び南穴寺址」, 『考古學雜誌』 19-4, 37쪽.

위치라든가 기타 대통사에 대해서 좀 더 알 수 있는 단서가 어디에도 남아 있지 않았기 때문이다. 『신증동국여지승람』을 비롯한 조선시대 지리지에도 대통사 만큼은 전혀 언급이 없다.

대통사에 대해서는 별다른 설명이 남아 있지 않지만, 『신증동국여지승람』이나 『공산지(公山誌)』에는 공주지역에 서혈사(西穴寺), 남혈사(南穴寺), 동혈사(東穴寺), 수원사(水原寺), 주미사(舟尾寺) 같은 사찰들이 있었던 것으로 소개되어 있다.[11] 가루베가 대통사에 앞서 서혈사지와 남혈사지를 먼저 찾게 된 것도 그 때문이다.

공주지역에서 고대 불교 사원을 찾아다니던 가루베는 공주읍 서쪽에 '서혈리(西穴里)'라고 부르는 작은 마을이 있는 것을 발견하였다. 그리고는 이 서혈리의 남쪽에 있던 망월산(望月山)의 중턱에서 마침내 서혈사지(西穴寺址)를 찾아내게 되었다.[12]

가루베가 서혈사지를 처음 찾았을 때에는 당연히 사찰 이름을 알 수 없었고, 그것이 사찰터인지조차 분명하지 않았다. 다만 마을 이름이 '서혈리'였던 만큼 서혈사와 관련이 있지 않을까 짐작하는 정도였다. 그런 점에서 가루베가 가장 먼저 주목한 것은 이곳에 자리하고 있던 자연 석굴이었다.

서혈사지가 자리한 곳은 해발 260m의 망월산(望月山) 동사면(東斜面)에 해당된다. 문제의 석굴은 자연적으로 형성된 것을 얼마간 인공

---

11) 『新增東國輿地勝覽』 권17, 「公州牧」, 佛宇條. "水原寺 在月城山 東穴寺 在東穴山 西穴寺 在望月山 舟尾寺 在舟尾山 艇止寺 在艇止山"
  『公山誌』 권2, 寺刹. "南穴寺 府南五里 今無 西穴寺 府西五里 今無 銅穴寺 在府北三十里"
12) 輕部慈恩, 1929, 앞의 논문, 38쪽.

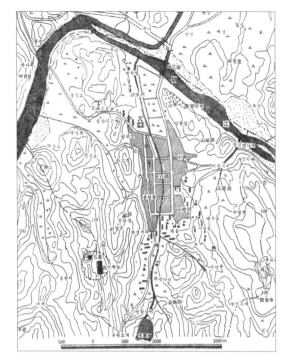

〈그림 1〉 서혈사지의 위치[13]

〈사진 1〉 서혈사지 출토 와당

---

13) 金永培・朴容塡, 1970,「公州 西穴寺址에 關한 調査研究(1) -西穴寺址 第一次 發掘調
   查報告書」,『百濟文化』4, 공주대 백제문화연구소, 15쪽.

을 가해서 만든 것으로, 입구의 폭은 14m, 높이는 3m 정도 되는 석굴이었다. 망월산의 정상에서 80m 정도 내려온 해발 180m 지점에 자리하고 있었다. 그 곳은 서혈사지로 추정되는 대지(台地)에서 북쪽으로 100m 정도 떨어진 곳이었다.[14]

가루베가 발견 당시 서혈사지는 동사면(東斜面)에 축대를 쌓아 3단의 대지(台地) 형태로 자리하고 있었고, 사찰은 이미 오래 전에 폐사(廢寺)되어 이곳이 절터인지조차 불분명 하였다. 그런데, 주변에서 석조석가여래좌상(石造釋迦如來坐像) 2구(軀)와 석조비로자나불좌상 1구(軀)가 발견되어 이곳이 절터임을 알 수 있었다.

뿐만 아니라 '서혈사(西穴寺)'라는 글자가 새겨진 명문와(銘文瓦)도 발견되고, 연화문 와당도 발견됨으로써 마침내 이곳이 서혈사지임을 알게 되었다. 이로써 공주에는 서혈사지(西穴寺址), 남혈사지(南穴寺址), 주미사지(舟尾寺址)처럼 석굴을 가진 백제 불교 사원이 자리한다는 사실을 확인하게 되었던 것이다.

이렇게 공주 원도심 주변에 있는 사찰을 찾아다니느라 정작 원도심 한가운데인 반죽동 일대에 자리하고 있던 대통사터는 상대적으로 늦게 발견하였다. 원래 대통사터가 자리한 반죽동 일대는, 공주목(公州牧) 관아터와 충청(忠淸) 감영(監營) 사이에 해당되기 때문에 원도심 내에서도 가장 번화한 곳이었다. 주변 일대가 이미 주택가로 변해 있었음은 물론이다. 따라서 이렇다 할 단서를 찾기가 쉽지 않았을 것이다. 다만 반죽동에 당간지주가 1기 서 있어서 주변에 사찰

---

14) 輕部慈恩, 1946, 『百濟美術』, 寶雲舍, 87~90쪽.

이 있었으리라는 것은 누구나 짐작할 수 있었다.

당시 공주고등보통학교에 근무하던 가루베는 대통사터로 추정되는 곳 부근에 거주하였다고 한다.[15] 그래서 원도심에서 하수도 공사를 할 때나 건축 공사가 이루어질 때 공사 현장을 유심히 관찰하였다. 그러던중 건물 기단에 사용했던 석재들을 발견하게 됨으로써 비로소 대통사지의 위치를 추정할 수 있었다. 이렇게 해서 발견된 대통사지에 대해서 가루베는 다음과 같이 설명하였다.

B. 대통사지 강당은 서쪽으로 20도 틀어진 채 남면(南面)하여 지금의 공주고등여학교의 정면 앞에서 공주교(公州橋)로 통하는 도로에 평행하게 그 기단이 설치되었다. 기단은 길이 1.6m, 폭 55cm, 두께 7cm 정도의 직사각형 판석을 가로로 세워 늘어놓고, 네 귀퉁이에는 우주석(隅柱石)을 세워 한 단만 설치하였다. 이 기단의 규모는 폭이 약 53m, 너비 약 25m이다. 강당의 앞에는 좌우에 등거리로 연지(蓮池)라고 부르는 석조(石槽)를 두었다.

이 강당지의 앞 부분이 금당지로 생각되는데, 주변 일대가 시가지로 변해서 정확한 위치는 알 수 없다…. 강당의 남쪽면 기단에서 금당의 기단까지는 약 43m다.

가루베가 설명한 내용을 그림으로 옮긴 것이 <그림 2>다. 지금의 공주대학교 사범대학 부설 고등학교(이하 '사대부고'로 약칭)에서 대통교(大通橋)로 연결되는 도로의 남쪽에 대통사가 있을 것으로 본 셈이다. 현재의

15) 윤용혁, 2005, 「輕部慈恩의 공주 백제문화 연구」, 『百濟文化』 34, 공주대 백제문화연구소, 158쪽.

사대부고가 충청 감영이 있던 곳인 만큼 사대부고에서 대통교에 이르는 도로를 '감영길'이라 부르고 있다. 이 감영길에 대통사의 강당이 있고, 나머지 금당과 탑, 중문 등은 그 남쪽에 있을 것으로 추측하였다.

앞에서도 설명하였듯이 백제 대통사에 대해서는 『삼국유사』에 창건 시기와 위치가 간단하게나마 나와 있다. 즉 527년에 양나라 무제를 위해 공주에 창건한 것으로 되어 있다. 그렇지만 공주시내 어디에, 그리고 어떠한 구조로 대통사가 자리하고 있었는지에 대해서는 어디에도 자세한 설명이 없다. 그래서 그 위치에 대해서는 전혀 짐작조차 못하고 있을 때 가루베가 처음으로, 그것도 구체적으로 대통사의 가람배치를 제시한 것이다.

가루베가 '감영길' 남쪽에 대통사가 있었을 것으로 추측한 데에는 몇 가지 이유가 있었던 것 같다.

먼저 이곳에는 〈그림 2〉에서 보듯이 당간지주가 서 있다. 보물 제150호로 지정되어 있는 '반죽동 당간지주'가 그것이다. 주지하다시피 당간지주는 사찰의 앞쪽에 자리하면서 사찰의 존재를 알리는 역할을 한다.[16] 자연히 〈그림 2〉에 보이는 '반죽동 당간지주' 역시 그 주변에 사찰이 자리하고 있었던 것을 말해주는 징표가 된다. 더구나 현재 남아 있는 당간지주는 통일신라 양식을 하고 있는 만큼[17] 통일신라 때나 혹은 그 이전에 창건된 사찰이 주변에 자리하고 있었음을 암시해 준다. 여기서 약간의 추론을 한다면, 당간지주라는 것이 사찰

---

16) 엄기표, 2004, 『한국의 당간과 당간지주』, 학연문화사.
17) 엄기표, 2004, 위의 책.

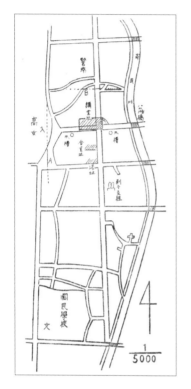

〈그림 2〉『百濟美術』(좌)과『百濟遺跡の研究』(우)의 대통사지 가람배치도

의 앞쪽에 자리하면서 사찰의 존재를 알리는 역할을 한다는 점에서 당간지주 북쪽으로 대통사가 자리하고 있었던 것을 추론할 수 있다.

두 번째는 부여의 군수리사지(軍守里寺址)와 마찬가지로 대통사도 1탑 1금당식의 가람배치를 하고 있을 것으로 보았다. 가루베가 대통사의 위치를 비정하기 얼마 전에 부여의 군수리사지가 발굴조사 되었다.[18] 당시 발굴조사는 이시다 모사쿠(石田茂作)에 의해

---

18) 輕部慈恩, 1946, 앞의 책, 93쪽.

이루어졌는데, 그 결과 남쪽부터 중문 - 탑 - 금당 - 강당이 남북 일지선상에 배치되고, 그 주변으로 회랑(回廊)이 돌아가는 것을 확인하였다. 가루베는 대통사도 그렇게 남북 일직선상에 1탑 1금당식의 가람배치를 하고 있을 것으로 판단하였다.

실제로 〈그림 2〉에서 보이는 강당의 남쪽 기단에서 남쪽으로 43m 정도 되는 지점에서 또 다른 건물의 기단으로 보이는 시설물이 발견되었다. 자연히 가루베는 이 건물지를 금당지로 판단하였다. 〈그림 2〉에 강당 남쪽으로 기단의 일부만을 표시해 놓고 금당지(金堂址)라고 표기한 것은 그 때문이다.

세 번째로 '감영길' 남쪽에 자리하고 있던 석조(石槽) 한쌍도 〈그림 2〉처럼 대통사가 자리하고 있었을 것으로 본 이유가 아닐까 한다. 당시 '감영길'의 바로 남쪽으로는 〈그림 2〉에서 보듯이 석조(石槽) 한쌍이 자리하고 있었다고 한다. 보물 제 148호와 제 149호로 지정된 석조가 그것이다. 가루베는 이 석조를 불교 사원의 건물 앞에 설치해서 장엄의 역할을 하던 것이라고 보았다.[19] 한 때 이 석조는 당간지주에서 가까운 중동(中洞)의 초등학교로 옮겨져 일제 강점기 때 일본 헌병 분대의 말에게 물을 먹이기 위한 수조(水槽)로 사용되기도 하였던 것인데, 흥미로운 것은 이 석조에 대한 설명이 『신증동국여지승람』에 나온다는 사실이다. 그 내용은 다음과 같다.

---

19) 輕部慈恩, 1946, 위의 책, 104~106쪽.

石甕菖蒲	석옹의 창포20
百濟古物唯石甕	백제의 고물(古物)이란 이 돌 항아리
腹大濩落將底用	배만 크고 평평하니 무엇에 쓰랴
誰知菖陽天地精	창양(菖陽, 창포)은 천지의 정기라
開雲斷石此移種	구름 헤치고 돌 쪼개 여기에 옮겼는 줄 누가 알랴
根盤九節蛟龍老	구절(九節)의 뿌리에는 교룡(蛟龍)이 늙은 듯
性通神靈天下少	신령스런 그 악성(樂性) 천하에 드무리라
餌之可以延修齡	이를 먹으면 긴 수명 살 것이니
何用區區拾瑤草	구구히 요초(瑤草) 찾아 무엇하리

여기에서는 석조(石槽)를 창포를 심었던 돌 항아리라고 보면서 그것이 백제 때 만들어졌다고 보았다. 그래서 가루베는 이러한『신증동국여지승람』의 설명에 따라 백제 때 만들어진 석조(石槽)라고 보았고, 그래서 대통사의 위치 파악에 참고할 수 있는 자료라고 판단한 듯하다.

넷째, 가루베가 당간지주 일대를 백제 대통사지로 판단한 결정적인 이유는 이 일대에서 발견된 재명와(在銘瓦) 때문이다.[21] 가루베는 수막새 기와(鐙瓦)나 암막새 기와(宇瓦)는 문양을 통해서 연대나 계통을 판단할 수 있다고 보았다. 반면에 평와(平瓦) 같은 데에는 그 기와를 사용한 건축의 종류나 지명(地名), 연대(年代), 간지(干支), 조와(造瓦)의 유래, 인명(人名) 등의 글자를 타날해서 넣거나 못 같은 것으로 마음대로 글자를 새겨 넣은 것을 볼 수 있는 만큼 이러한 재명와

---

20)『신증동국여지승람』(고전국역총서 3), 민족문화추진회, 32쪽.
21) 輕部慈恩, 1946, 앞의 책, 221~225쪽.
     輕部慈恩, 1971,『百濟遺跡の硏究』, 吉川弘文館, 32쪽.

〈사진 2〉 반죽동 석조

(在銘瓦)야말로 그 유적의 연대나 종류, 명칭 등을 결정하는 데 중요한 역할을 한다고 생각하였다. 그래서 수막새 기와나 암막새 기와를 수집해서 문양을 연구하는 것과 마찬가지로 재명와(在銘瓦)의 수집에도 노력을 기울이지 않으면 안 된다고 보았다.

실제로 가루베는 '서혈사(西穴寺)', '대통사(大通寺)', '□중사(□中寺)', '금강사(金剛寺)', '왕흥사(王興寺)', '정림사(定林寺)', '경룡사(驚龍寺)', '미륵사(彌勒寺)', '□천왕사(□天王寺)' 등과 같은 재명와(在銘瓦)를 수집하였다. 모두가 한결같이 사찰과 관련 있는 재명와(在銘瓦)임을 알 수 있다. 그 중 가장 중요한 것은 당연 '대통사(大通寺)'다. '대통(大通)', 혹은 '대통사(大通寺)'라고 쓰여진 재명와(在銘瓦)를 수습한 가루베는 그 일대가 백제 대통사지(大通寺址)로 확신하였다.[22] 그래서 〈그림 2〉와 같은 대통사 가람배치도를 생각하였다.

22) 輕部慈恩, 1971, 위의 책, 32쪽.

Ⅲ. 대통사에 대한 인식의 검토

앞에서도 설명하였듯이 가루베가 불교 사찰에 대해서 관심을 갖게 된 것은 불교와의 남다른 인연 때문이었다. 그는 '자은사(慈恩寺)'의 구가(舊家)에서 태어나 이름을 '자은(慈恩)'으로 바꾸기도 하였고, 젊었을 때 시즈오카현(静岡縣) 다가타군(田方郡) 소재의 슈젠지(修禪寺)에서 한 동안 수업을 쌓기도 하였으며, 1945년에 일본으로 돌아간 후에도 미시마시(三島市)에 거주하면서 슈젠지와의 인연을 다시 이어갔다. 그의 무덤 역시 슈젠지에 자리하고 있다.[23]

현실적으로도, 공주 정착 후 백제 유적을 찾기 위해 공주 주변 지역을 답사하였을 때 지표조사를 통해 가장 먼저 발견할 수 있는 유적이 실은 사찰이었다. 실제로 공주 정착 2년째인 1928년에는 공주 주변에서 여러 사찰터를 찾아냈다. 그 중 특별히 서혈사지(西穴寺址)와 남혈사지(南穴寺址)에 대해서만 보고서 형식으로 학계에 소개하였지만,[24] 그 이외에도 동혈사(銅穴寺), 주미사(舟尾寺), 북혈사(北穴寺), 만일사(晚日寺) 등을 현장 답사를 통해 찾아냈다.[25]

물론 그렇다고 해서 가루베가 백제 사찰에 대해 관심을 갖게 된 것을 개인적으로 맺은 불교와의 인연에서만 찾을 수는 없을 것이다. 가루베는 불교야말로 국가 구성원의 정신을 하나로 통일 시켜

---

23) 윤용혁, 2010, 『가루베지온의 백제연구』, 서경문화사, 12~13쪽.
24) 輕部慈恩, 1929, 「百濟の舊都熊津に於ける西穴寺及び南穴寺址」, 『考古學雜誌』 19-4.
輕部慈恩, 1929, 「百濟舊都熊津に於ける西穴寺及南穴寺址」(二), 『考古學雜誌』 19-5.
25) 輕部慈恩, 1946, 앞의 책, 84쪽.

주는 사상이라고 믿었다. 아울러 그러한 불교가 전해지면서 자연스럽게 불교 사찰이 일본 땅에 들어서게 되고, 그에 따라 일본의 고대 문화가 획기적으로 발전하게 되었다고 생각했다. 뿐만 아니라 불교를 매개로 백제와 일본의 교류도 한층 긴밀한 관계를 맺게 되었다고 보았다.

> C. 이렇게 백제에서 불교가 전해지고 우여곡절을 거쳐 결국 일본에서도 불교를 믿는 사람들이 늘어나게 되었다. 그리고 모노노베씨(物部氏)가 죽게 되자 점점 더 융성하게 되어 위로는 황실을 시작으로 이를 받들고, 아래로는 일반 신민(臣民)에 이르기까지 모두 이것을 존숭하였는데, 특히 스이코천황(推古天皇) 및 쇼토쿠태자(聖德太子)와 같은 이는 귀의(歸依)가 독실하여, 그 결과 법륭사(法隆寺) 및 사천왕사(四天王寺)를 비롯한 많은 사찰이 건립되어 지금까지 당시 사찰의 모습을 가지고 있다.
>
> 또 이 불교가 우리 국민 정신에 현저한 영향을 주어 고래(古來)로부터의 신도(神道)에 이 사상이 잘 동화되고, 또한 이전에 백제에서 전래 된 유학 사상과 혼연히 융합하여 오늘날의 일본 정신이 만들어진 것이다.[26]

일본 정신과 불교와의 관계에 대한 가루베의 주장이다. 불교가 전해지면서 구성원의 사상이 하나로 통일되고, 이것이 더 나아가 신도(神道)나 백제에서 전해진 유학 사상과 융합하면서 비로소 일본 정신이 형성되었다고 보았다. 일본 정신의 근간을 형성하고 있는 주요 요

---

26) 輕部慈恩, 1946, 위의 책, 55~56쪽.

소 중 하나로 보고 있는 것이다.

아울러 그러한 불교 사상의 거점이라고 할 수 있는 사찰, 예컨대 법륭사라든가 사천왕사 같은 사찰이 건립됨으로써 비로소 일본 고대 문화가 획기적으로 발전하였다고 보았다.

> D. 또 불교 도래(渡來)에 부수되어 수입된 사찰 건축·조각·회화, 그 외의 일체의 미술 공예의 발달은 이 시기를 획기로 해서 현저한 발달을 이루고, 또 한편으로는 교의(敎義)의 연구로 학문이 향상됨으로써 일본 문화 발달에 하나의 신기원(新紀元)을 이루기에 이르렀다.[27]

불교 전래 이전의 일본 문화가 원시성을 벗어나지 못했던 데 비해 불교가 전해짐으로써 비로소 고대 문화가 꽃필 수 있었다는 지적에 다름 아니다. 이미 널리 알려진 것처럼 삼국시대의 불교는 단순히 하나의 종교에 그치는 것이 아니라 종합 문명 이었다고 해도 과언이 아니다. 신앙의 거점으로서의 사찰이 성립되어야만 가능한 것이었기 때문에 사찰 건립과 관련된 건축, 토목 기술은 말할 것도 없고, 불상을 주조하는데 필요한 주조 기술, 사찰의 장엄(莊嚴)을 위한 회화(繪畵)와 한자(漢字) 등이 구비되어야만 가능한 것이었기 때문이다.[28] 그런 점에서 불교의 도입은 중국을 중심으로 하는 동아시아의 문명사회로 진입하는 것

---

27) 輕部慈恩, 1946, 위의 책, 56쪽.
28) 石井公成, 1996,「佛敎受容期の國家と佛敎」,『東アジア社會と佛敎文化』, 春秋社.
　　大橋一章, 2009,「中國佛敎美術の受容」,『奈良美術成立史論』, 中央公論美術出版.
　　大橋一章, 2009,「飛鳥寺の創立と本尊」,『奈良美術成立史論』, 中央公論美術出版.

이었고,[29] 동아시아 공유문화권에 동참하는 것이기도 하였다.[30]

가루베는 고대 불교가 갖는 이러한 성격을 잘 알고 있었기 때문에 다른 무엇보다 사찰에 대해서 우선적으로 관심을 가졌던 것 같다. 그 결과 백제의 사찰은 웅진기부터 비로소 본격적으로 출현한다고 보았다. 백제에 불교가 전해진 것은 한성기가 맞지만, 그때에는 아직 웅진·사비기에 보이는 것과 같은 사찰은 출현하지 않았고, 웅진기가 돼서야 본격적인 상당히 큰 규모의 사찰이 이곳 저곳에 들어서게 된다는 것이 가루베의 주장이다.

아울러 백제의 사찰에는 두 종류가 있다고 보았다. 석굴을 가진 석굴가람과 평지가람이 그것이다.[31] 석굴가람은 큰 자연 암반이 있는 산지(山地)에 자리하는 것이 특징인데, 자연 암반을 이용해서 석굴을 만들든지, 아니면 자연 동굴에 약간의 인공을 가해서 만드는 것이 일반적이라고 보았다. 인공이든 자연의 동굴을 이용하든 석굴을 마련한 다음, 그 앞에 금당과 탑을 갖춘 가람을 만드는 것이 석굴가람이라고 보았던 것이다.

그에 비해 평지가람은 입지부터가 말 그대로 평지를 택한다는 점에서 석굴가람과는 완전히 다른 것이라고 보았다. 그래서 다음과 같은 설명을 남겼다.[32]

---

29) 大橋一章, 1997, 『飛鳥の文明開化』(歴史文化ライブラリー 12), 吉川弘文館, 6~8쪽.
30) 노중국, 2012, 『백제의 대외 교섭과 교류』, 지식산업사, 473~474쪽.
　　노중국, 2017, 「백제와 왜국의 관계」, 『일본속의 百濟』 I (긴키지역), 충남역사문화연구원, 14쪽.
31) 輕部慈恩, 1946, 앞의 책, 81~82쪽.
32) 輕部慈恩, 1946, 위의 책, 82쪽.

E. 웅진성(熊津城) 당시 불사(佛寺)를 건립하는 경우 그 위치를 선정하는 데 두 종류가 있었다. 하나는 북위(北魏)를 중심으로 하는 북방 계통의 것이고, 다른 하나는 남조식(南朝式)이라고 생각되는 것이다. 그런데 불행하게도 그 원류가 되는 중국의 남조 및 북조의 불사(佛寺) 양식의 차이가 명확하지 않다. 그러나 이 시대에 속하는 석굴사(石窟寺)라는 것은 북위(北魏) 등 북조(北朝)에 의해 경영된 것으로… 중국에서는 부진(苻秦) 건원(建元) 2년(366) 감숙성(甘肅省) 돈황(燉煌)의 명사산(鳴沙山) 절벽에 사문(沙門) 악준(樂傳)이 석굴을 파고, 그 곳에 불상을 새긴 것에서 시작되었다고 이야기 되고 있다. 이때부터 북중국에서는 석굴 굴착이 유행하여 운강(雲崗) 및 용문(龍門)을 비롯해 여러 곳에 이러한 형식들이 만들어진다.

이렇게 가루베는 석굴가람을 북조식, 평지가람을 남조식으로 양분해서 이해했다. 따라서 공주에서 발견된 석굴가람은 북위식의 영향이라고 보았다. 그 증거로 공주에서 발견된 수막새기와 중에는 북위계(北魏系)와 남조계가 있다고 하였다. 〈그림 3〉과 같이 연판(蓮瓣)의 윤곽을 양각선(陽刻線)으로 그리고, 연판의 중앙에 세로로 경계선을 넣은 것은 북조계, 〈그림 4〉와 같이 연판(蓮瓣)에 아무런 장식도

〈그림 3〉 공주 출토 북위계 수막새기와   〈그림 4〉 부여 출토 남조계 수막새기와

없는 소판(素瓣) 연화문 와당을 남조계로 보았다.[33]

공주에 있는 사찰 중에 입지를 서로 달리하는 두 종류의 사찰이 있다는 지적은 적절한 것으로 생각된다. 다만 동혈사지(東穴寺址), 서혈사지(西穴寺址), 남혈사지(南穴寺址), 그리고 주미사지(舟尾寺址)와 같은 사찰들을 석굴가람으로 부를 수 있는지, 그리고 그러한 석굴가람이 과연 평지가람보다 먼저 출현한 것인지에 대해서는 재검토의 여지가 있다고 판단된다.

예를 들어 동혈사(東穴寺)의 경우, 사찰의 위치가 조선시대 지리지에 나타나 있어[34] 간단한 시굴조사가 이루어진 바 있다.[35] 문제의 동혈사지(東穴寺址)는 현재의 동혈사에서 서쪽으로 약 80m 정도 떨어진 지점에 자리하고 있다. 동서방향의 축대에 의해 3단으로 조성되어 있는데, 그 중 하단 축대에 제1건물지, 중단 축대에 제2건물지와 제4건물지, 그리고 상단 축대에 제5건물지, 제6건물지, 제7건물지 등이 자리하고 있다. 아울러 조사지역에서는 고려시대 석탑을 비롯하여 암막새기와·수막새기와, 상감청자, 그리고 분청사기, 백자 등이 출토되었다.

이곳에는 실제 석굴도 남아 있다. 현재의 동혈사 금당 북서쪽에 우뚝 서 있는 자연 암반을 파서 만든 것으로, 지표면에서 약 3m 정

---

33) 輕部慈恩, 1946, 위의 책, 193~205쪽.

34) 『新增東國輿地勝覽』권17, 「公州牧」佛宇條. "東穴寺在東穴山"

『東國輿地誌』「公州牧」山川條. "東穴山 在州北三十里 山上有岩 周岩有小窟穴 其下有東穴寺"

『公山誌』"銅穴寺 在府北三十里"

35) 조원창 외, 2000, 『東穴寺址』충청문화재연구원.

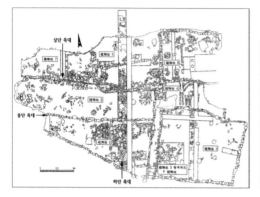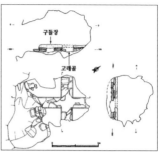

〈그림 5〉 동혈사지 건물지(좌) 및 석굴 내부 평·단면도(우)

도 높이에 석굴의 입구가 마련되어 있어 동물이나 신도들의 접근이 쉽지 않게 되어 있다.

석굴의 바닥면은 길이 206cm, 너비 180cm 정도 크기로 되어 있다. 아울러 바닥면은 온돌이 설치되어 있었던 것으로 확인되었다.

이렇게 볼 때 동혈사지는 백제 때 창건된 사찰이 아니라 고려시대에 창건된 사찰로 판단된다.[36] 서혈사지[37]나 남혈사지,[38] 주미사지도 마찬가지다. 실제로 발굴 조사를 실시해 본 결과 통일신라 때 창건

---

36) 조원창, 2018, 「공주지역의 穴寺와 그 활용 방안」, 『百濟文化』 58, 공주대 백제문화연구소, 33쪽.
　　조원창, 2013, 『百濟寺址硏究』, 서경문화사, 313~319쪽.
37) 朴容塡, 1966, 「西穴寺址 및 南穴寺址 調査硏究」, 『公州敎大學報』 17.
　　안승주, 1970, 「公州 西穴寺址에 關한 調査硏究(Ⅰ)」, 『百濟文化』 4, 공주대 백제문화연구소.
　　안승주, 1971, 「公州 西穴寺址에 關한 硏究(Ⅱ)」, 『百濟文化』 5, 공주대 백제문화연구소.
38) 국립공주박물관, 1993, 『南穴寺址』

된 사찰로 확인되었다. 특히 주미사지에서는 통일신라 때 만든 명문석편(銘文石片)이 출토되기도 하였다.[39] 반파되어 정확한 내용은 알 수 없지만, 김양무(金良武)와 김봉창(金奉昌), 김영창(金永昌) 등의 이름이 보이는 것으로 보아 아버지인 김양무와 두 형제가 모종의 불사(佛事)에 보시(布施)를 하고, 가족 성원에게 현세적인 이익을 기원하는 내용이 아니었을까 한다.[40] 가루베가 생각했던 것과는 달리 공주지역의 혈사(穴寺)가 사실은 백제 때 창건된 사찰이 아니라 통일신라때 창건된 사찰이었던 것이다.

석굴가람에 대한 가루베의 해석은 재검토의 여지가 있지만, 이러한 석굴가람과 달리 평지가람으로써의 대통사(大通寺)의 위치를 찾아낸 것은 가루베의 업적이라고 하지 않을 수 없다.[41] 대통사에 대해서

〈그림 6〉 주미사지 출토 명문석편(銘文石片)

39) 이남석·이훈, 1999,『舟尾寺址』, 공주대학교 박물관.
40) 김창석, 2015,「공주 舟尾寺址와 '阿尼' 銘文石片에 대한 고찰」,『木簡과 文字』15,
    김창석, 2018,「공주 舟尾寺址와 신라의 熊州 지배」,『百濟文化』58, 공주대 백제문화연구소.
41) 윤용혁, 2005,「輕部慈恩의 공주 백제문화 연구」,『百濟文化』34, 공주대 백제문화연구소, 158쪽.

는 사료 〈A〉에 간단한 설명이 남아 있다. 비록 간단한 내용이기는 하지만, 이를 통해 볼 때 한국 고대 사찰 중에서 창건 주체와 창건 시기, 그리고 창건 목적을 알 수 있는 가장 이른 시기의 사찰이다.[42] 그런데도 가루베 이전에 이러한 대통사에 주목한 사람은 아무도 없었다.

물론 가루베의 대통사에 대한 인식은 대단히 간단한 것이 사실이다. 대통사의 창건 연대를 527년으로 인식한 것과 그 위치를 '반죽동 당간지주' 일대, 즉 지금의 공주대학교 사범대학 부설 고등학교와 대통교(大通橋) 사이라고 본 것이 전부다. 그렇기는 하지만 대통사를 공산성이나 왕릉과 마찬가지로 학문적인 연구의 대상으로 인식했다는 점에서 의미가 있다.

대통사의 창건 시기에 대해서는 현재에도 대부분의 연구자가 가루베와 마찬가지로 527년으로 생각하고 있다.[43] 대통사의 창건을 전하는 『삼국유사』의 기록을 보면 527년설과 529년설이 있는데, 529년설

---

42) 노중국, 2019, 「백제 성왕과 대통사 -대통사지의 역사적 의미-」, 『百濟文化』 60, 공주대 백제문화연구소, 152쪽.

43) 이남석, 2002, 「百濟 大通寺址와 그 出土遺物」, 『湖西考古學』 6·7합집, 278쪽.
박현숙, 2011, 「百濟 熊津時期의 정국과 大通寺 창건」, 『韓國史硏究』 155, 180~183쪽.
서정석, 2011, 「백제 熊津王都와 大通寺址」, 『韓國史硏究』 155, 212쪽.
조윤재, 2011, 「百濟와 梁의 교섭과 大通寺」, 『韓國史硏究』 155, 268쪽.
소현숙, 2019, 「聖王의 大通寺 創建과 梁 武帝」, 『百濟文化』 60, 공주대 백제문화연구소, 126~128쪽.
노중국, 2019, 앞의 논문, 142~144쪽.
조원창, 2021, 『성왕, 공주에 대통사를 세우다』, 서경문화사, 쪽.
조원창, 2022, 「공주 반죽동 일원의 대지 조성과 백제 웅진기 대통사의 위치 탐색」, 『百濟文化』 67, 38쪽.

은 그 시기에 공주가 신라 영토라는 착오로 제기된 것인 만큼 그대로 따를 수 없는 것이 사실이다.

그런데 대통사의 창건 시기를 결정할 때 문헌 기록만을 참고할 것이 아니라 고고학 자료도 고려할 필요가 있다는 생각이다. 특히 대통사 창건을 전하는 사료 〈A〉와 같은 경우에는 그것이 신라 법흥왕의 불교 공인 및 이차돈의 순교 사실을 전하는 부분에 들어 있어 무언가 석연치 않은 점이 있기 때문이다.

마침 최근 들어 반죽동 197-4번지를 비롯한 그 주변에서 비록 소규모 발굴이기는 하지만 발굴 조사가 이루어져 대통사와 관련된 유물을 상당량 수습하였다. 그런 점에서 이러한 자료를 통해 대통사의 창건 시기를 추론해 볼 필요가 있다.

반죽동 일대에서 이루어진 발굴조사 중에서 가장 주목을 끄는 것은 반죽동 197-4번지 일대에서 이루어진 조사다.[44] 이 조사가 주목을 끄는 것은 소규모 조사였음에도 치미, 마루 수막새, 지두문 암막새, 유단식 암막새, 연목와, 부연와 등등 그 동안 공주지역 백제 유적에서 출토된 적이 없는 기와가 출토되었기 때문이다.[45] 발굴 조사가 이루어지기 전에도 반죽동 일대에서 수습한 와당은 '대통사식(大通寺式)' 와당이라고 불릴 정도로 문양과 제작 기법이 독특한 것이었는데,[46] 최

---

44) 한국문화재단, 2020, 「공주 반죽동 197-4번지 유적」, 『2018년도 소규모 발굴조사보고서』(VI)
조원창, 2021, 『성왕, 공주에 대통사를 세우다』, 서경문화사.
45) 조원창, 2019, 「공주 반죽동 추정 대통사지 발굴조사 내용과 성과」, 『百濟文化』 60, 23쪽.
46) 淸水昭博, 2003, 「百濟 大通寺式 수막새의 성립과 전개 - 中國 南朝系 造瓦技術의 전파 」, 『百濟研究』 38, 충남대 백제연구소, 61쪽.

〈사진 3〉 반죽동 197-4번지 출토 마루 수막새(좌)와 지두문 암막새(우)(한얼문화유산연구원 제공)

근의 발굴 조사를 통해 대통사지에서 출토된 기와가 그 이전의 백제 기와와는 확연하게 다르다는 사실이 다시 한번 입증되었다.

　대통사와 관련된 기와가 그 이전의 백제 기와와는 문양이나 제작 기법면에서 확연하게 다르다고 한다면, 그러한 기와의 출현은 새로운 조와기술(造瓦技術)을 가진 장인(匠人)의 등장이 있어야만 가능한 것이다. 이러한 사실은 무령왕릉이나 무령왕릉원 6호분과 같은 벽돌무덤을 통해서도 짐작해 볼 수 있다. 백제의 벽돌무덤은 '양관와위사의(梁宣以爲師矣)' 나 '조차시건업인야(造此是建業人也)'라는 명문을 통해 알 수 있듯이 양나라 장인의 도움을 받아서 비로소 가능했다.[47]

　실제로 백제는 534년에 양나라에 사신을 보냈다.[48] 그렇다면 이때 양나라에 사찰 건립을 요청했고, 이에 호응하여 양나라에서 장인을 파견함으로써 대통사가 탄생한 것으로 생각된다.[49] 마침 그 이듬해

---

47) 조윤재, 2011, 앞의 논문, 295쪽.
48) 『三國史記』권26, 「百濟本紀」 4, 聖王 12년조.
49) 시미즈(淸水昭博)도 이미 이와 같은 생각을 했다(淸水昭博, 2003, 앞의 논문). 다만 시미즈는 534년에 사신을 파견해서 그 해에 대통사를 창건한 것으로 보는 듯한데, 실제

인 535년은 양나라가 '대동(大同)'으로 개원한 해다. 그런 점에서 대통사가 대통(大通) 원년(元年)에 창건되었다는 기록은 대동(大同) 원년(元年)에 창건한 것이 후대에 와전된 것이 아닌가 한다. 아마도 사찰 이름이 대통사이고, 대동과 대통이 발음이 비슷하기 때문에 '대동 원년'에 창건한 것이 '대통 원년'에 창건한 것으로 와전되었을 것이다.

가루베의 대통사에 대한 인식에서 또 하나 중요한 것은 대통사의 위치를 비정하였다는 사실이다. 앞에서도 설명한 것처럼 현재의 공주대학교 사범대학 부설 고등학교 정문에서 그 동쪽으로 이어지는 '감영길' 위에 대통사의 강당이 자리하고 있었을 것으로 보았다.

대통사가 어디에 어떻게 자리하고 있었는지는 아직 알려진 것이 없다. 따라서 <그림 2>처럼 현재의 '감영길' 위에 대통사의 강당이 자리하고 있었을 가능성을 완전히 배제할 수는 없다. 더구나 가루베에 의하면 이곳에서 가구식 기단에 사용한 판석을 수습하였다고 한다. 그 판석은 길이 1.6m, 폭 55cm, 그리고 두께가 7cm 정도 되는 것이었다.[50] 다른 자료와 달리 설명만 되어 있을 뿐 사진이나 도면을 제시하지 않아 정확한 것은 알 수 없지만, 실제로 이것이 가구식 기단에 사용된 기단석이라면 가루베가 제시한 대로 '감영길'에서 '반죽동 당간지주' 사이에 대통사가 자리하였을 가능성은 대단히 높다고 판단된다. 왜냐하면 그 근처에서 가구식 기단을 사용한 건물은 대통사와 같은 사찰이 아니고서는 불가능하기 때문이다.

창건은 그 다음 해인 535년이 아닌가 한다.
50) 輕部慈恩, 1946, 『百濟美術』, 寶雲舍, 95쪽.

대통사의 위치를 추론할 때 중요한 자료 중의 하나가 대통교(大通橋)가 아닐까 한다. 대통교는 말 그대로 대통사와 관련된 다리라고 생각되기 때문이다.

현재 '감영길'과 이어지면서 제민천(濟民川)을 건너는 다리를 대통교(大通橋) 라고 부르고 있다. 가루베 또한 『백제미술(百濟美術)』에서는 이 다리를 '공주교(公州橋)' 라고 했지만, 『百濟遺跡の硏究』에서는 대통교(大通橋) 라고 표기하고 있다.

이렇게 현재의 '감영길'과 이어지면서 제민천(濟民川)을 건너는 다리를 대통교(大通橋) 라고 한다면, 이 대통교는 백제 동성왕 20년(498)에 가설하였다는 웅진교(熊津橋)일 가능성이 크다.[51] 그렇다면 사실상 〈그림 2〉처럼 대통사의 가람배치가 이루어졌을 가능성은 거의 없다고 생각된다. 백제 당시에도 지금의 '감영길'처럼 웅진교, 곧 지금의 대통교를 중심으로 그 좌우로 도로가 연결되어 있었을 것이기 때문이다. 그렇다면 〈그림 2〉에서 보는 대통사는 이 웅진교(대통교)를 건너는 길과 중첩되기 때문에 문제가 되지 않을 수 없다.

만약 현재 대통교로 부르는 다리가 백제 웅진교가 맞다면, 대통사는 현재의 '감영길'과 '반죽동 당간지주' 사이에 있었던 것이 아니라 '감영길'의 북쪽, 그러니까 '감영길'과 현재의 공주문화원 사이에 자리하고 있었다고 보는 것이 순리가 아닐까 한다.[52]

---

51) 윤용혁, 1994, 「熊津橋에 대하여」, 『熊津文化』 7, 공주향토문화연구회 ; 2005, 『공주, 역사문화론집』, 서경문화사, 129쪽.
52) 서정석, 2019, 앞의 논문, 46~47쪽.
이병호, 2019, 앞의 논문, 80~84쪽.

IV. 맺음말

일반적으로 가루베는 백제 고분 연구자로 알려져 있지만, 공주에 정착 후 가장 먼저 관심을 가진 것은 백제 사찰이었다. 그것은 가루베가 불교와 남다른 인연이 있었기 때문이기도 하지만, 일본 아스카 불교의 기원이 백제 불교라는 사실, 그리고 불교가 전해지고 난 다음에는 그 이전과 비교할 수 없을 정도로 고도로 발달된 고대 문화를 형성한다는 사실에 주목하였기 때문이다. 그래서 공주 정착 후 곧바로 공주 주변을 답사하면서 백제 사찰을 찾고자 노력하였다. 그 결과 서혈사지, 남혈사지, 주미사지, 그리고 대통사지와 같은 절터를 찾는데 성공하였다.

가루베는 공주의 사찰을 서혈사지, 남혈사지, 주미사지를 중심으로 한 석굴가람과 대통사지를 중심으로 한 평지가람으로 나누었다. 이어서 석굴가람은 중국 북조 계통의 사찰이고, 평지가람은 남조 계통의 사찰이라고 인식하였다. 공주에서 발견된 와당도 두 종류로 나누어 보면서 석굴가람이 먼저 출현하였다가 뒤이어 평지가람으로 변천해 간 것으로 이해하였다.

가루베가 공주 주변의 석굴가람을 찾아낸 것은 훌륭한 일이지만, 사실 석굴가람은 백제 때 사찰은 아니고 통일신라 이후에 창건된 사찰이다. 그런 점에서 석굴가람에 대해서는 잘못 인식하고 있었음을 알 수 있다.

그에 비해 백제 대통사에 주목하고, 대통사의 위치 비정을 시도한 것은 대단히 의미 있는 작업이었다. 주지하다시피 대통사는 한국 고대사에 있어서 창건 시기, 창건 목적, 창건 주체, 그리고 그 위치를 명확히 알 수 있는 가장 이른 시기의 가람이다. 가루베는 그러한 대통사에 주목하여 대통사가 527년에 창건되고, 아울러 그 위치는 '반죽동 당간지주' 북쪽으로 보았다.

『삼국유사』에서는 대통사의 창건 연대를 527년으로 전하고 있다. 그 사실을 그대로 소개하면서도 편찬자인 일연 스님은 527년이 아니라 529년일 것으로 보았다. 527년은 경주에 흥륜사(興輪寺)를 창건한 해인 만큼 멀리 공주에 또 하나의 사찰을 지을 여유가 없었을 것으로 생각했던 것이다.

그런데 527년 무렵 공주는 신라 영토가 아니라 백제 영토였다. 그런 점에서 경주에 흥륜사를 세우던 해이기 때문에 같은 해에 공주에 대통사가 세워지지 못했을 것이라는 주장은 타당성이 없다. 많은 연구자들이 대통사의 창건 시기를 527년으로 이해하는 것은 그 때문이다.

대통사의 창건 시기는 문헌 기록을 따라야겠지만, 백제 대통사의 창건을 신라 법흥왕 관련 기사 말미에 덧붙인 것은 어쩐지 의심스러운 면이 있다. 그런 점에서 대통사 관련 고고학 자료를 살펴보는 것도 창건 시기를 판단할 때 하나의 방법이 될 수 있을 것이다.

최근에 이루어진 대통사 관련 발굴 조사를 보면, 그 이전 백제 유적에서는 볼 수 없었던 진귀한 기와가 많이 출토되는 것이 사실이다. 특히 치미나 마루 수막새, 지두문 암막새, 부연와, 연목와 등이 그것이다. 그런가 하면 유단기와 제작시 보이는 새로운 기법이나 와당의 뒷면에 나타나 있는 회전 물손질 흔적 등은 대통사 관련 기와가 그 이전의 백제 기와와 완전히 다른 것임을 말해 준다.

이렇게 완전히 다른 기와가 출현할 수 있었던 것은, 대통사를 창건하면서 백제의 와박사(瓦博士)들이 새로운 제와기술(製瓦技術)을 창조해 냈다기 보다는 새로운 조와기술(造瓦技術)을 가진 장인(匠人)이 출현한 결과라고 보는 것이 옳지 않을까 한다. 백제는 이미 이러한 새로운 기술을 가진 장인에 의해 무령왕릉이나 무령왕릉원 6호분과 같은 벽돌무덤을 만들어 본 경험이 있었던 만큼 사찰 창건과 관련된 새로운 장인도 양나라에 요청하였다고 생각한다. 마침 『삼국사기』에는 534년에 백제에서 양나라에 사신을 파견한 것으로 되어 있다. 그렇다면 이때 파견된 사신이 돌아올 때 양나라의 장인과 함께 귀국해서 대통사를 창건한 것이 아닌가 한다.

양나라는 535년에 대동(大同)으로 개원(改元)하였다. 대통(大通)에서 중대통(中大通)으로, 그리고 다시 대동(大同)으로 개원(改元)한 것이다. 그렇다면 대동(大同) 원년(元年)에 창건을 시작한 것이 후대에 '대통사(大通寺)'라는 사찰 명칭과 혼동을 일으켜 대통(大通) 원년(元年)에 창건되었다고 와전된 것이 아닌가 한다.

한편, 가루베는 대통사의 위치를 공주시 원도심의 '반죽동 당간지주'가 서 있는 곳 주변으로 판단하였다. 그 주변에서 '대통(大通)'명(銘) 인장와(印章瓦)가 수습되고, 또 용도를 잘 알 수 없는 것이기는 하지만, 석조(石槽) 한쌍이 자리하고 있는 것을 근거로 '감영길'에서 '반죽동 당간지주' 사이에 대통사가 위치했던 것으로 판단하였다.

가루베가 제시한 금당 주변에서 가구식 기단에 사용했음직한 판석을 수습하였다는 점에서 가루베의 주장은 충분히 가능성이 있다고 생각한다. 다만 그 판석에 대한 사진이나 도면이 남아 있지 않아 어떠한 판석이었는지를 알기 어렵다.

그런데 현재의 대통교(大通橋)가 백제 때 가설하였다는 웅진교(熊津橋)라면 대통사의 위치는 가루베가 생각한 것처럼 되기는 어렵다. 왜냐하면 <그림 2>에서 보듯이 대통교로 이어지는 '감영길'과 대통사지가 중복되기 때문이다. 그런 점에서 제민천교(濟民川橋)로 부르던 제일교회 동쪽의 다리가 대통교라면 가루베의 대통사 위치 비정은 가능성이 높지만, 현재의 대통교가 백제의 웅진교라면 그 위치는 '감영길'의 북쪽이 되어야 할 것이다.

7장 가루베와 공주의 문화유산

I. 머리말

주지하다시피 가루베지온(輕部慈恩)은 근대적인 방법으로 공주의 백제유적을 조사·연구한 1세대 연구자였다. 가루베가 유적을 조사하는 '공식적인' 위치에 있었던 것은 아니지만, 공주의 고분, 성곽, 사찰을 샅샅이 조사함으로써 공주지역의 백제유적이 어디에, 어떻게 분포하는지를 비로소 알게 되었다. 해방 후 고분, 그 중에서도 횡혈식 석실 연구가 다른 분야에 비해 한발 앞서갈 수 있었던 것은 확실히 가루베의 연구에 힘입은 바 크다는 것을 부정할 수 없을 것이다.

그럼에도 불구하고 그에 대한 평가는 대단히 부정적인 것이 사실이다. 그가 '아마추어와 전문가의 영역을 넘나들었던 학자'[로서 백제 고고학의 성립에 공헌한 바 있음에도 불구하고, 이렇게 부정적인 평가를 받는 것은, 유적을 조사하는 과정에서 습득하게 된 유물을 처리하는 과정이 모호하였기 때문이다. 세간의 소문처럼 실제 다량의 유물을 일본으로 반출하여 자의적으로 처분하였을 가능성은 많

---

1) 윤용혁, 2006, 「輕部慈恩의 백제고분 조사와 유물」, 『韓國史學報』 25 ; 2010, 『가루베지온의 백제연구』, 서경문화사, 103쪽.

아 보이지 않는다.[2] 그럼에도 불구하고 유물과 관련된 부정적인 시각이 늘 따라다니는 것은, 그 스스로 그러한 불신을 자초한 면이 없지 않기 때문이다.

여기에서는 가루베의 유적 조사 내용과 그 과정에서 습득한 유물, 그리고 그 처리과정 등을 살펴보고자 한다.

II. 유적 조사와 출토 유물

1. 고분 조사와 출토유물

가루베는 1927년부터 1945년 해방이 될 때까지 공주와 대전, 강경 등지에 거주하면서 백제유적에 대한 조사와 연구를 진행하였다. 그 당시 조사된 백제 유적은 크게 보면 고분, 성곽, 사찰 등으로 나누어 볼 수 있다. 유적의 종류는 다르지만 어느 유적이든 조사와 함께 적지 않은 유물이 수습되었다. 그 중 수량 면에서도 가장 많은 양을 점하고 있고, 또 가루베가 가장 정력적으로 조사·연구한 분야가 고분이다.

가루베가 백제 고분에 대해 관심을 갖게 된 것은 공주에 정착하던 1927년 3월에 무령왕릉원에서 백제 고분이 발견된 것이 큰 계기가 되었다.[3] 다시 말해서 1927년 3월에 궁릉상 천정 구조의 천정 일

---

2) 윤용혁, 2010, 위의 책, 100쪽.
3) 輕部慈恩, 1930, 「樂浪の影響を受けた百濟の古墳と塼」, 『考古學雜誌』20-5, 49쪽.

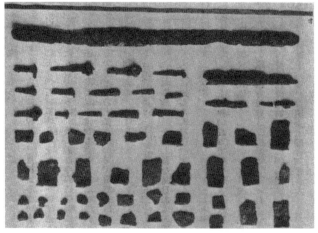

〈사진 1〉 무령왕릉원 2호분 출토 토기(위)와 철기편(아래)

부가 붕괴되면서 마을 아이들에 의해 백제 때 만들어진 무덤이 발견
되었다. 그것이 현재의 무령왕릉원 2호분이다.

　무령왕릉원 2호분은 이미 도굴이 이루어진 데다가, 마을 아이들
이 석실 안으로 들어가 무덤 안에 남아 있던 부장품을 갖고 나오는
바람에 부장 양상이나 부장품의 종류, 수량 등은 잘 알 수 없게 되
어 버렸다. 다만 가루베가 수소문한 끝에 몇몇 유물을 확인할 수 있
었다. 확인된 유물은 토기 5점(그중 2점은 소재를 알 수 없었다), 철검
편, 철창편, 철촉, 철정(鐵釘), 그리고 목관의 금구(金具) 등이었다.

무령왕릉원 2호분이 발견된 이후 가루베의 백제 고분에 대한 조사와 연구는 본격적으로 시작되었다. 그 결과 공주 주변에 매우 많은 고분군이 있고, 또 각각의 고분군마다 서로 다른 묘제(墓制)가 자리하고 있다는 것을 알게 되었다.[4] 가루베가 소개한 공주 주변의 고분군과 거기에서 수습한 유물을 소개하면 다음과 같다.

〈표 1〉 공주 무령왕릉과 왕릉원

고분번호	발견일	수습유물
1호	소화(昭和)2년3월	도굴되어 부장품이나 출토품 없음
2호	〃	백제토기 5점, 대도편 1점, 철모편 1점, 철촉 3점, 철정 약 70점, 꺾쇠 약 50점
3호	〃	목곽편 1점, 대도편 2개체, 은판 1점, 꺾쇠 43점, 철정 27점, 목탄편 3점
4호	〃	금동제 각추촉형구(金銅製 角錐鏃形具) 1점, 철정 7점, 목관편 2개체분, 철편 1점
5호	소화(昭和)7년 10월 20일	금제육각형장신구 1점, 금제엽형(葉形)장신구 8점, 금제능형(菱形)장신구 14점, 금제영락모양장신구 1점, 금제6판화형장신구 5점, 금제산치옥 1점, 황색유리구슬 1점, 동제기구편(銅製器具片) 1점, 은제화형좌식부 못 5점, 은제육판화형두 못 30여 점, 금동 못 50여 점, 원두정(圓頭釘) 10여점, 대도편 1점, 철촉 11점, 토기 1점
6호	소화(昭和)7년 10월 26일	호박제 구옥(勾玉)1점, 진주제 환자옥(丸子玉) 80여개, 금제이식, 대금구, 대도, 도자편, 금동제영락
7호	소화(昭和)7년 11월 14일	곡옥 1점, 은제6판화형장신구 1점, 은제 구슬 7점, 유리제 표주박형 옥 1점, 청록색 유리구슬 200점, 감자색 유리구슬 5점, 황색 유리구슬 7점, 금동제 및 은제 판상금구편 다수, 흑색 칠기편 1점, 유리제 장신구편 1점
8호	소화(昭和)7년 10월 27일	곡옥 1점, 이식용 금환 1점, 은제 팔찌 1쌍, 금제 산치옥 6점, 흑색 연리 평옥 4점, 녹색 유리구슬 1,000여 점, 황색 유리구슬 약 300점, 감자색 유리구슬 약 150점, 적갈색 유리구슬 36점, 은제엽형(葉形)장신구 5점, 철정(鐵釘) 약 40점, 경질토기 4점, 연질토기 1점
9호	소화(昭和)4년 봄	백제토기 3점, 오수전, 구슬류(?)
10호	소화(昭和)8년 1월 8일	

4) 輕部慈恩, 1933, 「公州に於ける百濟古墳(二)」, 『考古學雜誌』23-9 및 輕部慈恩, 1934, 「公州に於ける百濟古墳(三)」, 『考古學雜誌』24-3에 공주 부근의 백제고분 분포 상태를 상세히 설명하고 있다.

11호	소화(昭和)5년 6월	
12호	소화(昭和)3년 3월	미 발굴
13호	소화(昭和)7년 10월 초순	
14호	소화(昭和)2년 5월	백제 토기편
15호	〃	대형 백제토기
16호	〃	백제 토기편 다수
17호	소화(昭和)3년 여름	벽돌 다수 산재
18호	소화(昭和)2년 가을	백제토기편 다수
19호	소화(昭和)7년 10월	삼족기 3점
20호	소화(昭和)2년 가을	

〈표 2〉 교촌리 고분군

고분번호	발견일	수습유물
1호	소화(昭和)2년 2월	
2호	소화(昭和)2년 4월	벽돌무덤(?)
3호	소화(昭和)4년 6월	대형 백제토기
4호	소화(昭和)2년 5월	
5호	소화(昭和)3년 봄	출토품 불명

〈표 3〉 우금리 고분군

고분번호	발견일	수습유물
1호	소화(昭和)6년 10월 18일	금동이식, 백제토기
2호	〃	화천(和泉)
3호	〃	
4호	〃	목관, 인골, 백제토기
5호	〃	백제토기
6호	〃	백제토기
7호	〃	백제토기편 산재
8호	소화(昭和)8년 1월 8일	
9호	소화(昭和)6년 10월 18일	
10호	〃	
11호	〃	
12호	〃	백제토기편

고분번호	발견일	수습유물
13호	〃	토기편
14호	〃	
15호	〃	

〈표 4〉 보통골고분군

고분번호	발견일	수습유물
1호	소화(昭和)7년 1월 중순	
2호	소화(昭和)6년 9월	벽돌무덤(?)
3호	소화(昭和)6년 9월	대형 백제토기
4호	소화(昭和)6년 9월 23일	철정, 관고리, 칠기편
5호	소화(昭和)6년 9월	
6호		
7호	소화(昭和)6년 9월	수습유물
8호	〃	
9호	〃	벽돌무덤(?)
10호	소화(昭和)6년 9월 23일	대형 백제토기
11호	소화(昭和)6년 9월	철정, 관고리, 칠기편
12호	〃	
13호	〃	
14호	〃	
15호	〃	
16호	〃	
17호	〃	
18호	〃	
19호	소화(昭和)7년 12월	
20호	소화(昭和)7년 1월	
21호	〃	
22호	〃	
23호	〃	
24호	소화(昭和)6년 9월	
25호	소화(昭和)8년 2월 26일	
26호	소화(昭和)7년 1월	
27호	〃	

〈표 5〉 금학리 고분군

고분번호	발견일	수습유물
1호	소화(昭和)6년 10월	
2호	소화(昭和)5년 5월	벽돌무덤(?)
3호	소화(昭和)6년 9월	대형 백제토기
4호	소화(昭和)5년 5월	철정, 관고리, 칠기편
5호	소화(昭和)8년 2월 5일	
6호	소화(昭和)6년 10월말 경	백제토기 2점

〈표 6〉 남산록 A구역고분군

고분번호	발견일	수습유물
1호	소화(昭和)6년 9월	목관 금구, 백제토기편
2호	〃	백제토기편
3호	소화(昭和)7년 11월	
4호	소화(昭和)7년 3월	백제토기
5호	〃	미 발굴, 측량 불능
6호	소화(昭和)6년 9월	
7호	소화(昭和)8년 1월	
8호	소화(昭和)6년 9월	
9호	〃	
10호	소화(昭和)7년 3월	
11호	〃	
12호	소화(昭和)6년 9월	
13호	소화(昭和)7년 59월	
14호	소화(昭和)7년 4월	

〈표 6〉 남산록 B구역고분군

고분번호	발견일	수습유물
15호	소화(昭和)7년 6월	
16호	소화(昭和)6년 10월	
17호	소화(昭和)6년 11월	
18호	소화(昭和)8년 1월	백제토기편
19호	소화(昭和)7년 3월	

20호	소화(昭和)8년 1월 15일	
21호	소화(昭和)7년 10월	
22호	소화(昭和)7년 2월	백제토기, 관 금구
41호	소화(昭和)6년 11월	백제토기, 동기편(銅器片)
42호	소화(昭和)7년 4월	

〈표 7〉 남산록 C구역고분군

고분번호	발견일	수습유물
23호	소화(昭和)3년 9월	
24호	〃	백제토기편
25호	〃	
26호	소화(昭和)3년 10월	
27호	〃	발형토기
28호	소화(昭和)6년 4월	백제토기 3점,
29호	〃	백제토기
30호	〃	백제토기
31호	소화(昭和)6년 10월	
32호	소화(昭和)7년 4월	발형토기
33호	〃	
34호	〃	
35호	소화(昭和)6년 11월	
36~40호		백제토기편

〈표 8〉 주미리 고분군

고분번호	발견일	수습유물
1호	소화(昭和)5년 7월	
2호	〃	백제토기편 산재
3호	〃	
4호	〃	
5호	소화(昭和)5년 9월	이식용 금사슬 및 옥잔 출토
6호	소화(昭和)5년 7월	
7호	〃	백제토기편 산재
8호	〃	백제토기편 산재

고분번호	발견일	수습유물
9호	〃	
10호	〃	
11호	〃	
12호	〃	백제토기편
13호	소화(昭和)5년 7월	
14호	〃	백제토기편
15호	〃	
16호	〃	
17호	〃	
18호	〃	
19호	〃	
20호	소화(昭和)7년 10월	
21호	〃	
22호	〃	

〈표 9〉 능치고분군

고분번호	발견일	수습유물
1호	소화(昭和)6년 4월	
2호	〃	
3호	〃	백제토기편 산재
4호	〃	
5호~9호	〃	백제토기편 산재
10호	소화(昭和)6년 10월	백제토기
11호	소화(昭和)6년 4월	
12호	소화(昭和)6년 10월	
13호	소화(昭和)6년 4월	
14호	〃	
15호	〃	
16호	〃	백제토기편
17호	〃	
18호	〃	백제토기편
19호	소화(昭和)8년 1월	
20호	소화(昭和)6년 4월	병형토기, 접시, 관정(棺釘)

〈표 10〉 월성산록 고분군

고분번호	발견일	수습유물
1호	소화(昭和)6년 4월	백제토기편
2호	〃	
3호	〃	
4호	〃	
5호	〃	백제토기
6호	〃	
7호	〃	
8호	소화(昭和)8년 1월	백제토기, 관 금구
9호	〃	백제토기, 동기편(銅器片)

〈표 11〉 주미산록 고분군

고분번호	발견일	수습유물
1호	소화(昭和)8년 2월	
2호	소화(昭和)6년 5월	
3호	〃	백제토기편 산재
4호	〃	
5호	〃	백제토기편 산재
6호	〃	
7호	〃	백제토기편 산재
8호	〃	
9호	〃	
10호	소화(昭和)8년 2월	
11호	〃	
12호	소화(昭和)6년 5월	
13호	〃	
14호	〃	
15호	〃	
16호	〃	

2. 사지(寺址) 조사와 수습유물

일반적으로 가루베를 백제 고분 연구자로 알고 있지만, 사실 그가 공주에 정착한 다음, 처음으로 관심을 가진 것은 절터였다. 그래서 공주에 정착한지 2년이 지난 1929년에 처음으로 전문 학술지에 발표한 논고는 공주의 서혈사지와 남혈사지에 관한 것이었다.[5]

가루베는 특히 백제 대통사에 주목하였다. 백제가 일본에 불교를 전해주어 일본 최초의 고대문화가 꽃핀 것처럼 백제도 중국에서 불교가 전해오면서 조불공(造佛工), 조사공(造寺工) 같은 장인들이 백제로 건너와 속속 백제 불교문화를 꽃피우는데 앞장섰을 것으로 생각하였다.[6] 그리고 그 중심에 대통사가 있었을 것으로 보았다.[7]

가루베는 원도심에 자리하던 사찰만 주목한 것이 아니라 공주 원도심의 주변지역에 자리하고 있던 사찰에 대해서도 관심을 갖고 조사와 연구를 진행하였다. 서혈사지, 남혈사지, 동혈사지와 같은 이른바 혈사(穴寺)를 찾아낸 것은 이러한 문제의식의 결과였다. 그리고 그러한 혈사에서 적지 않은 유물을 습득할 수 있었다. 특히 서혈사지와 남혈사지에서 사찰과 관련된 유물을 습득할 수 있었다.

서혈사지에서는 와당도 수습하였는데, 자방(子房)에 1+4과의 연자가 배치되어 있는 것이 특징이다. 가루베는 이 와당을 서혈사지에

---

5) 輕部慈恩, 1929, 「百濟舊都熊津に於ける西穴寺及よび南穴寺」, 『考古學雜誌』19-14 및 19-15.
6) 이에 대해서는 본서 6장 참조
7) 輕部慈恩, 1946, 『百濟美術』, 寶雲舍, 82쪽.

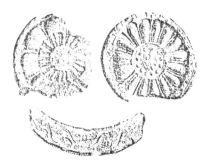

<사진 2> 남혈사지 출토 와당(좌) 및 공주 출토 광배(우)

서 수습한 다음, 1945년에 귀국할 때 일본으로 갖고 가서 나라국립
박물관에 위탁 보관하였던 것으로 여겨진다. 다행히 2006년에 가
루베의 제자이자 당시 큐슈국립박물관장이던 미와(三輪嘉六) 관장
의 주선에 의해 국립공주박물관에 기증되어 공주로 돌아올 수 있
었다.[8]

당시 기증된 와당은 서혈사지와 신원사에서 출토된 와당을 포함하
여 모두 4점이었다. 2점은 완형에 가까운 것이었고, 나머지 2점은 반
파된 것과 1/4만 남은 것이었다.

<사진 2>는 남혈사지에서 습득한 와당과 공주 금학동 일대에서
발견된 불상의 광배이다. <사진 2>의 와당은 주연부에 연주문이 돌
아가고 연판이 15개를 이루는 통일신라기의 와당이다. 그 아래에 있
는 암막새기와 또한 통일신라기의 유물이다.

이 와당 이외에 남혈사지에서는 보살입상을 1점 발견하였다고 한

---

8) 〈조선일보〉 2006년 11월 28일자 기사.

다.[9] 이 보살입상은 머리부분과 다리의 하반신이 이미 유실되어 정확한 크기나 형태를 알 수 없지만, 어깨에서 팔뚝으로 흘러내리는 곡선의 미를 통해 중국 육조의 영향을 받은 것이라고 보고 있다.

이 밖에도 가루베가 『백제미술(百濟美術)』을 통해 제시한 백제의 유물로는 다음과 같은 것이 있다.

가. 조각

공주출토 금동여래입상

부여출토 금동석가여래입상

금동불상광배단편협시상

부여출토 금동삼존불상

부여출토 금동협시보살상

부여출토 석조여래좌상

부여출토 금동보살입상

충주출토 유명(有銘)금동불광배

공주출토 동조(銅造)보살상

부여출토 금동보살입상 2구

부여 금성산석불

공주 금학리석불광배

부소산 남측 중복 폐사지 출토 소상(塑像)

---

9) 輕部慈恩, 1929, 「百濟舊都熊津に於ける西穴寺及南穴寺址(二)」, 『考古學雜誌』 19-5, 36쪽.

나. 금공(金工)

초두(鐎斗)

철부(鐵斧)

금동제 봉황형파수

금동제 병상금구(柄狀金具)

동제 개형기구(銅製 蓋形器具)

장식용금구

팔화형(八花形)장식금구

장식부(裝飾附)금속구

이식

지환(指環)

천(釧)

다. 석제 및 유리제품

구옥(句玉)

반원형 구옥(句玉)

기타 진주

옥잔(玉盞)

석제용기

라. 토기류

기대

토기호

횡구병

개부삼각배형도기(蓋附三脚杯形陶器)

고배

자연유도기

도연(陶硯)

마. 와전류

수막새기와

문자와

치미

백제전

평부용전(平敷用塼)

바. 회화

송산리6호분

능산리 벽화고분

부소산 폐사지 출토 벽화편

III. 습득 유물의 처리문제

가루베가 공주에 정착한 것은 백제 유적을 조사할 수 있지 않을까 하는 기대감 때문이었다.[10] 그런 점에서 공주에 정착한 후 백제 유적을 조사하기 시작한 것은 일견 자연스러워 보인다. 다만 유적 조사를 위해서는 유적 조사를 위한 '공식적인' 위치에 있어야 했지만, 그는 그러한 '공식적인' 위치에 있었던 것은 아니다. 그런 점에서 가루베의 유적 조사는 그 자체 비판을 받아 마땅하다.

그러나 다른 한편으로 본다면 공주가 교통이 불편하고, 또 백제가 공주에 도읍했던 시기도 부여나 서울에 비해 턱없이 짧아서 아무도 공주지역의 백제 유적에 대해서 관심을 갖고 있지 않았던 만큼[11] 그의 유적 조사가 전혀 이해되지 않는 것은 아니다. 특히 당시에는 일본인들에 의한 도굴이 만연하였고, 공주지역 역시 예외가 아니었던 것[12]을 감안한다면, 가루베가 백제 유적을 조사한 것을 마냥 비난만 할 수는 없다는 생각이다. 더구나 가루베는 그렇게 조사한 것을 『고고학잡지(考古學雜誌)』나 『백제미술(百濟美術)』, 『백제유적의 연구(百濟遺跡の研究)』와 같은 것을 통해 학계에 보고하였다.

물론 그 자신 고고학자로서의 준비가 부족했던 것은 사실이다. 예를 들어 유적을 조사했지만, 조사한 유적을 실측할 수는 없었던 것 같다. 그래서 총독부 박물관에서 작성한 도면을 활용하여 자신의

---

10) 輕部慈恩, 1970, 「百濟と私」 『駿豆地方の古代文化』, 144쪽.
11) 輕部慈恩, 1933, 「公州に於ける百濟古墳」 『考古學雜誌』 23-7, 37~38쪽.
12) 有光敎一 · 藤井和夫, 2002, 앞의 보고서, 14쪽.

저서나 논문을 구성하였다. 그러면서도 그 도면의 원작가가 누구인지를 밝히지도 않아 마치 스스로 작성한 것과 같은 착각을 불러일으킨 것이 사실이고, 그렇기 때문에 그에 대한 비판의 소리를 들어야만 했다.[13] 사진 역시 마찬가지다. 사진 촬영을 전혀 안 한 것은 아니지만, 총독부 박물관과 같은 '공식적인' 기관에서 촬영한 것을 출처를 표시하지도 않고 무단 도용한 것이 있는 것도 사실이다. 자신에 대한 부정적인 평가를 자초한 면이 있다는 뜻이다.

그러나 사실 가루베에 대한 부정적인 평가를 하는 이유는, 이러한 도면이나 사진의 무단 도용보다도 유적을 조사하는 과정에서 자연스럽게 상당량의 유물을 습득하게 되었음에도 그 처리 과정이 명쾌하지 않기 때문이다. 예컨대 2006년 11월 29일에 가루베 소장 백제 와당 4점이 국립공주박물관에 기증되었다.[14] 백제의 유물이 원래의 자리로 돌아온 것은 잘 된 일이지만, 이를 통해 가루베가 일정량의 유물을 반출해 간 것이 확인된 셈이다.[15]

또한 동경박물관에 가루베 소장품임을 입증하는 표찰이 붙어 있는 백제 유물이 5점이나 있는 것이 KBS다큐 프로를 통해 확인되기도 하였다.[16] 문제의 백제 유물은 토기병 3점, 금제귀걸이 2점 등인데, 여기에는 '소화(昭和) 6년(1931)', 혹은 '공주 주미리 출토'라고 적은 표찰도 있다고 한다. 이러한 유물에 대한 동경박물관의 설명을 종합

13) 有光教一·藤井和夫, 2002, 위의 보고서, 9쪽.
14) 「조선일보」 2006년 11월 28일자 기사.
15) 윤용혁, 2010, 앞의 책, 96쪽.
16) 윤용혁, 2010, 위의 책, 97~98쪽.

하면, 이러한 유물은 대체로 1945년 이전에 구입하거나 기증받은 것이라고 한다.

구입품이라면 구입 날짜와 금액 등이 있어야 하는데, 그런 것은 없다. 또 만약 가루베가 이것을 매각한 것이라면 자신의 이름이 붙어 있는 표찰은 떼고 매각하지 않았을까 한다. 그런 점에서 이 5점의 유물은 적어도 가루베가 매각한 것은 아니라고 생각된다.[17]

사실 앞에서도 살펴본 것처럼 가루베가 공주에 정착한 후 공주에 있는 백제 유적을 자유롭게 조사한 것은 사실이다. 그리고 그 과정에서 일정량의 백제 유물을 습득하게 된 것도 사실이다. 그래서 일반적으로 가루베가 그렇게 습득한 유물을 개인적으로 처분했다고 생각해 왔다. 가루베가 백제 유적의 조사와 연구에 일정부분 기여한 것이 사실임에도 부정적으로 이야기 되는 것은 다 그 때문이다.

그런데 가루베의 행적을 보면, 그렇게 습득한 유물을 개인적으로 처분했으리라고 보기 어려운 면도 없지 않다. 예를 들어 가루베는 공주고등보통학교에 향토관을 설치하였다.[18] 그때가 1930년 3월이었다. 가루베가 공주에 정착해서 본격적으로 공주지역의 백제 유적을 조사한 것이 1927년부터였던 것을 감안해 볼 때 유물이 어느 정도 습득되자 향토관을 설치한 것으로 짐작된다.

뿐만 아니라 학생들과 디불어 『충남향토지(忠南鄕土誌)』라는 단행본을 제작하기도 하였다.[19] 이 책은 충남 도내의 여러 자료를 수집하여

---

17) 윤용혁, 2010, 위의 책, 98쪽.
18) 공주고등학교, 『공주고60년사』, 163쪽.
19) 공주공립고등보통학교 교우회, 1935, 『忠南鄕土誌』.

〈사진 4〉 공주고보 향토관 근경[20]

만든 충남지역 역사, 유적, 구비전승, 민속 등에 대한 안내서이자 소
개서이다. 가루베는 이 책을 통해 향토 연구와 향토 자료의 중요성
을 누누이 강조하였고, 향토 교육의 목적을 제시하기도 하였다.

　현재 당시 향토관의 면모를 살펴볼 수 있는 사진 한 장이 전해지고
있는데, 사진을 통해 보아도 상당히 많은 양의 유물이 향토관에 전시
되어 있었던 것을 알 수 있고, 또 이러한 향토관의 운영이 형식적으
로 운영된 것이 아님을 알 수 있다. 그런 점에서 가루베가 과연 습득
한 유물을 개인적으로 처분하였을까 하는 의구심이 든다. 그렇게 개
인적인 처분을 하고자 했다면, 군이 향토관을 설치하고, 거기에 유물
을 전시하는 따위의 일을 하지 않았을 것으로 생각되기 때문이다.

　당시에 공주지역에 공주유적보존회, 또는 공주사적현창회 같은 단

---

20) 윤용혁, 2010, 앞의 책, 94쪽

체가 설립되어 있었던 것도[21] 가루베가 습득한 유물을 개인적으로 처분하기 곤란하였으리라고 생각하는 이유중의 하나다.

공주지역에 공주고적보존회가 언제 결성되었는지는 아직 불분명한 점이 있다.[22] 1933년에 무령왕릉원 6호분을 조사해달라고 총독부 학무국에 조사를 의뢰한 것이 공주고적보존회장인 것을 보면 적어도 1933년 이전인 것은 분명해 보인다.[23] 그렇다면 공주고보에 향토관이 설치된 것과 거의 비슷한 시기에 출발하였을 가능성이 높다. 그렇게 되면 가루베는 학내에서는 향토관, 학외에서는 공주고적보존회랑 더불어서 활동을 하였을 가능성이 높다. 그렇기 때문에 가루베가 비록 공주지역의 유적을 많이 조사한 것은 사실이지만, 거기서 습득한 유물을 개인적으로 처분하기 곤란했을 것이라고 생각한다.

실제로 국립공주박물관에 소장된 유물 중에는 '공주고보(公州高普)', '경부(輕部)소장품', '공주사적현창회'와 같은 라벨이 붙어 있는 예가 있다.[24] 이로써 볼 때 가루베는 습득한 유물을 일부는 공주고보 향토관에 전시하고, 일부는 공주사적현창회에서 관리한 것을 알 수 있다. 다만 공주고보 향토관은 1951년 화재로 완전 소실되어 어떤 유물을 소장하고 있었는지를 전혀 알 수 없게 되어버렸다. 국립공주박물관과 국립중앙박물관에 나눠서 소장하고 있는 유물도 현재까지 정확하게 실태 파악이 안되고 있는 실정이다.

---

21) 최석영, 2004,『한국 박물관의 '근대적'유산』, 서경문화사, 171~172쪽.

22) 최석영, 2004, 위의 책, 172쪽.

23) 국립공주박물관, 2017,『송산리고분군 수습유물 재보고서』, 23쪽.

24) 국립중앙박물관, 2015,『유리건판으로 보는 백제의 고분』, 33쪽.

Ⅳ. 맺음말

가루베는 1927년 1월에 공주고등보통학교 교사로 부임함으로써 공주에서의 생활을 시작하였다. 특별한 인연이 없던 공주에서 객지 생활을 시작한 것은, 공주가 백제의 옛 도읍지였던 만큼 무언가 백제 유적을 조사할 수 있지 않을까 하는 막연한 기대감 때문이었다. 때마침 그가 공주에서의 생활을 막 시작하던 1927년 2~3월 경에 '공주 무령왕릉과 왕릉원'(송산리 고분군)이 발견되었다. 그것은 당시 송산리 마을에 살던 마을 아이들에 의해 처음으로 발견된 것이었는데, 1927년 10월에는 총독부 박물관에서 정식으로 발굴조사가 이루어 지기도 하였다.

이 사건을 계기로 가루베는 본격적으로 공주 주변의 유적을 찾아 나서게 되었다. 서혈사지와 남혈사지는 그 과정에서 새롭게 찾아낸 유적이다.

공주 주변에 자리하고 있던 절터를 찾아내는 것 이외에 원도심을 중심으로 한 주변 지역에 자리하고 있던 백제 고분도 조사하였다. 그리고는 그렇게 찾아낸 고분의 조사 결과를 『고고학잡지(考古學雜誌)』를 통해 발표하였다. 이렇게 시작한 백제 고분에 대한 조사는 처음에는 수 기에 불과하였지만, 점점 늘어 마침내 1천 여 기에 이르는 백제 고분을 조사하였다고 한다. 실로 엄청난 수의 고분을 조사한 것을 알 수 있다.

문제는 이렇게 많은 수의 고분을 조사하면서 자연스럽게 유물을 습득하였을 터인데, 그렇게 습득한 유물을 어떻게 처리했는가 하는 점이다. 그런데 이 부분이 명쾌하지 않다. 앞에서도 소개하였듯이 동경박물관에는 그가 습득한 것이 틀림없는 유물이 5점이나 소장되어 있다. 그런가 하면 2006년에는 가루베의 유가족이 나라국립박물관에 위탁한 와당 4점(2점은 완형)이 국립공주박물관에 반환되기도 하였다.

이러한 사실은 '가루베의 유물'이 어느 정도인지는 모르지만, 일본으로 반출되었다는 것을 의미한다. 해방 후 유물에 대한 반환 요구가 있을 때마다 가루베는 습득한 유물을 '공주박물관에 모두 두고 왔다'고 했다. 그러나 동경박물관에 소장되어 있는 유물과 나라국립박물관에 위탁했던 유물로 볼 때 가루베의 주장을 그대로 믿을 수만은 없게 되었다. 가루베를 부정적으로 바라볼 수밖에 없는 것도 그 때문이다.

사실 유적을 조사하는 과정에서도 미심쩍은 부분이 있기는 마찬가지였다. 예컨대 무령왕릉원 6호분의 경우, 원래는 발견 후 3일 이내에 관내 경찰서에 신고해야 했지만, 다른 유적과 마찬가지로 발견 후 자신이 먼저 고분 안으로 들어갔다. 유적을 조사할 수 있는 '공식적인 위치'에 있었던 것이 아니었던 만큼 신고를 하고, 총독부 박물관의 조사팀이 오기를 기다렸어야 하지만, 자신이 먼저 들어가 조사하고 싶은 부분을 마음대로 조사하였던 것이다. 관대 주변을 파헤치고, 묘실(墓室)의 바닥면에 깐 벽돌을 들어내는 일은 도굴꾼이 할 수 있는 일이 아니다. 그렇기 때문에 총독부 박물관의 조사팀 단장이었던 후지다(藤田亮策)로부터 '격노에 찬 언사'를 들어야만 했고,[25] 또 '공주 시민

---

25) 小泉顯夫, 1986, 『朝鮮古代遺跡の遍歷』, 六興出版, 201쪽.

이 잊지 못할 최고로 악질적인 도굴꾼'이라는 비난과 함께 '가루베 자식, 이번에 한 20만원 벌었을 거야'라는 비아냥 소리도 들어야 했다.[26]

문제는 이렇게 가루베 스스로가 세인의 부정적인 인식을 자초한 면이 있는 것이 사실이지만, 그렇다고 해서 흔히 이야기 되는 것처럼 해방 직후 일본으로 귀국할 때 한 트럭분의 유물을 갖고 갔다는 것은 입증되지 않고 있다는 사실이다. 해방 직후 일본인이 일본으로 건너갈 때 소하물의 반입이 극히 어려웠고, 지금까지도 '가루베 유물'의 행방이 더 이상 확인되지 않는 것을 보면 일반적으로 생각하는 것처럼 많은 유물을 갖고 갔을 가능성은 높아 보이지 않는다.[27]

더구나 가루베는 근무하던 공주고등보통학교에 향토관을 설치하였고, 또 국립박물관 공주분관 건립에도 관여하였다.[28] 물론 향토관이나 공주분관의 건립이 습득한 유물을 임의로 처리하지 않았다는 근거가 될 수는 없지만, 유물을 전시할 수 있는 공간을 마련했다는 점에서 습득한 유물을 널리 알리고자 했던 것으로 추측된다. 따라서 몇 가지 의심스러운 구석이 있다고 해서 무조건 백안시 할 것이 아니라 지금부터라도 가루베의 행적을 면밀히 검토하는 작업이 선행되어야 하지 않을까 한다.*

---

* 이 논문은 서정석, 2023, 「가루베지온과 공주의 문화유산」, 『역사와 역사교육』 45·46합본, 웅진사학회를 수정 보완한 것이다.

---

26) 이구열, 1996, 『한국문화재 수난사』, 돌베개, 197~199쪽.
27) 윤용혁, 2010, 『가루베지온의 백제연구』, 서경문화사, 99~100쪽.
28) 輕部慈恩, 1970, 『駿豆地方の古代文化』, 146쪽.

● 찾아보기

○

가루베지온(輕部慈恩)과 백제 고고학

2024년 7월 30일 초판 1쇄 발행

지은이 서정석
펴낸이 권혁재
편 집 조혜진

인 쇄 성광인쇄
펴낸곳 학연문화사
등 록 1988년 2월 26일 제2-501호
주 소 서울시 금천구 가산디지털1로 16 가산2차SKⅤ1AP타워 1415호

전 화 02-6223-2301
팩 스 02-6223-2303
E-mail hak7891@chol.com

ISBN 978-89-5508-696-6 93910